dancing at the PITY PARTY

a dead mom graphic memoir

by
TYLER FEDER

妳離開之後

dancing at the PITY PARTY

a dead mom graphic memoir

泰勒·費德爾 Tyler Feder 文·繪　尤采菲 譯

國家圖書館出版品預行編目資料

妳離開之後：一個女兒失去母親後的生存旅程/泰勒.費
德爾著；尤采菲譯. -- 臺北市：三采文化股份有限公
司, 2020.12
　　面；　公分. -- (In time)
譯自：Dancing at the pity party
ISBN 978-957-658-453-4(精裝)

1.失落 2.死亡 3.通俗作品

176.52　　　　　　　　　　　　　109017479

inTIME 07

妳離開之後：
一個女兒失去母親後的生存旅程

作者、繪者｜ 泰勒·費德爾　　譯者｜ 尤采菲
責任編輯｜ 朱紫綾　　版權負責｜ 杜曉涵
美術主編｜ 藍秀婷　　封面設計｜ 池婉珊
手寫字設計｜ Dinner Illustration　　內頁排版｜ 李岱玲

發行人｜ 張輝明　　總編輯｜ 曾雅青　　發行所｜ 三采文化股份有限公司
地址｜ 台北市內湖區瑞光路513巷33號8樓
傳訊｜ TEL:8797-1234　FAX:8797-1688　　網址｜ www.suncolor.com.tw
郵政劃撥｜ 帳號：14319060　戶名：三采文化股份有限公司
初版發行｜ 2020年11月27日　定價｜ NT$420
8刷｜ 2024 年 6 月 5 日

獻給我的母親

（顯而易見）

我的家庭

史賓瑟（老么）
- 體貼
- 睿智
- 獨立

史提夫（爸爸）
- 積極、有動力
- 熱情
- 多愁善感

寇蒂（老二）
- 酷文青
- 很有個人魅力
- 心思細膩

泰勒（我）
- 神經質
- 神經質
- 神經質

朗妲（媽媽）
- 一絲不苟
- 溫暖、撫慰人心
- 已逝

introduction

前言

媽媽總說我有一雙米妮老鼠的
翹睫毛。

她教我要說出心裡話，

用彩虹的顏色順序排列物品，

奶油乳酪要一口氣
塗到貝果的邊邊。

她很溫柔、很傻氣，有時煩人又笨拙，但她拒絕聽別人講廢話。

2

2008年，我大一剛結束的夏天，醫生診斷出她得了癌症。
我大二上結束後的春假，她就過世了。

我不是要當肥皂劇女主角，
但這實在——

糟——透——了。

我們的文化看待死亡的態度很怪異。

我們不喜歡觸碰死亡的話題，就算講到了也都是無味的陳腔濫調。

不然就是偷渡在過頭的驚悚電影裡。

*斬首先生/未剪版！
70%以上都是斬首

*極度血腥！

人們認為死亡「全」都令人悲傷，有時令人害怕……

但，委婉修辭和血腥電影這兩種選項，無法讓我們與死亡建立健康的關係！

哈囉！

我母親過世了……現在是？

當年才19歲，滿頭毛、個性焦慮的我，驟然發現失去了母親！
我的心，就像心理治療師形容的「彷彿坐在冰山漂流在茫茫大海」。

我心裡很痛，茫然無依，但最糟的是沒人想談論這些。

爸爸和兩個妹妹雖是我堅定的盟友，

但我們各自都還有內心的悲傷要處理，我們沒辦法見樹又見林。

人在哪兒？

我在這！

朋友很貼心，

我和媽媽的合照

教授也很理解我的處境……

第二章

可就算讓我延期交報告，或是
開心玩拼字到半夜，都只是暫
時的，

沒有地方能讓我放下這股沉重
的痛楚。

*喪母

我不想別人同情我，更不
想讓別人不自在（自己的父
母死了，還得反過來安慰別
人？⋯⋯實在很尷尬）。

噢，老天！

我⋯⋯沒事。

我想要的，不過就是想隨口就能
說出我想念媽媽，不需要解釋一
大堆。

!!!?!

我很難過。

!!!!

!?!!

!!!?!

還有我也很想很想要的，就是
能輕鬆開玩笑，別人不需要自
我克制。

⋯

這很好笑，
因為她已經死了。

⋯

⋯

拜託！

我到現在還在尋找，是不是有什麼書（或電影、網站，或短篇故事之類的？）能幫助我盡情擁抱悲傷，不需要壓抑。

極度悲傷小說

如何面對老化的父母？

給傻瓜的癌症末期指南

回憶錄：紀念我死去的雪貂

這本書是為我媽媽、我自己，以及任何因失去摯愛痛苦不已，希望被理解的人而寫。

chapter one

第一章 我的媽媽

開宗明義，我先聲明：

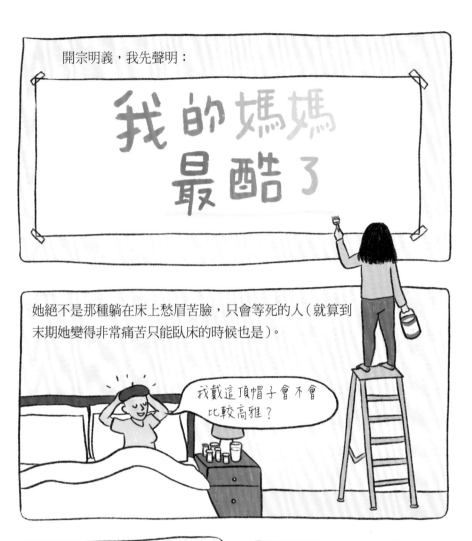

她絕不是那種躺在床上愁眉苦臉，只會等死的人（就算到末期她變得非常痛苦只能臥床的時候也是）。

我戴這頂帽子會不會比較高雅？

我到現在都還能輕易想像她會怎麼評價我生活中的事物，

選紅色那件！

因為她在我心裡已留下永恆的印記。

我的媽媽身高170，只比我矮約兩公分。

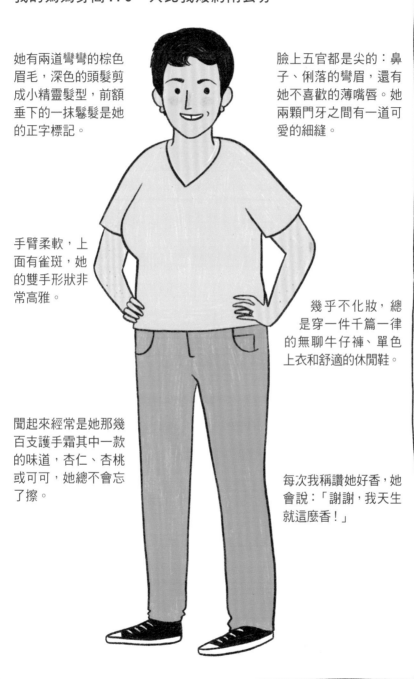

她有兩道彎彎的棕色眉毛，深色的頭髮剪成小精靈髮型，前額垂下的一抹鬢髮是她的正字標記。

臉上五官都是尖的：鼻子、俐落的彎眉，還有她不喜歡的薄嘴唇。她兩顆門牙之間有一道可愛的細縫。

手臂柔軟，上面有雀斑，她的雙手形狀非常高雅。

幾乎不化妝，總是穿一件千篇一律的無聊牛仔褲、單色上衣和舒適的休閒鞋。

聞起來經常是她那幾百支護手霜其中一款的味道，杏仁、杏桃或可可，她總不會忘了擦。

每次我稱讚她好香，她會說：「謝謝，我天生就這麼香！」

公眾場合的她總是安靜有禮，富有一種不妨形容成是「鬼鬼祟祟」的幽默感。她的拿手好戲，是在超市走過貨架時一臉正經，轉彎時突然來個兔子跳，對你眨眼做個鬼臉，然後走進下一條通道，彷彿啥事都沒發生。

有一次她陪我看週六早上播的卡通，有一集《洛可的摩登生活》太好笑，害她跌下沙發。

她逗我講「蔬菜」這個單字。

再說一次！

蔬「太」。

她還會模仿老牌影集《妙家庭》裡面，珍跳的滑稽啦啦隊舞步。

全神貫注的表情

誇張跳離地面兩公分

我小時候，她還發明一種「親吻吸塵器」幫我舒緩皮膚的傷口。

有時候，她會抱緊我，讓我耳朵一側貼著她，悄聲說：

你有沒有很高興
我不是[消音]*？

*那是我朋友媽媽的名字，其實她是位非常親切的女士，只是不巧被我們當成
　是「任何人但不是媽媽」的暗語。

她心裡盤算要訂比薩來吃的
時候，她就會說：

我想來點
圓圓的食物
……

她並不總是用肢體接觸來表達
感情，但我們每次要過馬路時
她一定牽我的手，連我青少年
時期也是一樣。

還有她很喜歡眨眼，奇妙的是她眨眼並不讓人感覺詭異！

媽媽厭惡打電話，但她很喜歡坐高空
遊樂設施。

有一次我們全家去遊樂園，媽媽
堅持要玩一個看起來超恐怖的「巨
人斧頭」。全家沒人想陪她坐（廢
話），但她不在乎。
於是，我們全都害怕地站在下面
看她，但她完全不在意，還
「朝我們送飛吻」！

我心想她簡直是個英雄，超擔心她會死掉
（我沒想錯，只是晚了幾年才發生）。

我長大了一點後，她開始拉我一起去搭這些遊樂設施。我最後一定都會覺得好好玩，可是這無助於減低之前的恐懼！

怎麼啦？
妳是膽小鬼？

是啊……

EPCOT'S
MISSION SPACE
"THE ONE THAT MAKES EVERYBODY THROW UP" *

* 「讓你怕得吐出來」

我牙齒直打顫，跟她在隊伍裡排了好幾個小時，想辦法說服她放棄。

我的胃/頸/背/
腳趾止好痛！

妳看，那個穿
魔鬼氈鞋帶的小
女孩也要玩！

她有一句備經考驗，永遠不會出錯的話：

只要媽咪在妳身邊，
妳就用不著害怕！

等我長大，停止叫她「媽咪」
很久了以後，她仍舊這樣說。

我媽有一些非常獨特的技能，總讓我心生慰藉：

她是拼字遊戲的專家，

打小精靈遊戲更是厲害，

結果玩太久手上還長出繭

簡直是 1970 年代電視廣告歌的活百科。

大塊！好吃！紐頓無花果醬餅！

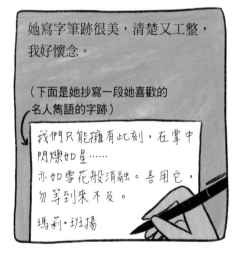
她寫字筆跡很美，清楚又工整，我好懷念。

（下面是她抄寫一段她喜歡的名人雋語的字跡）

我們只能擁有此刻，在掌中閃爍如星……亦如雪花般消融。善用它，勿等到來不及。

瑪莉．班揚

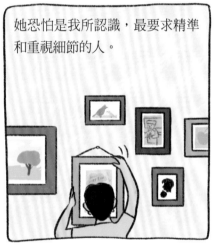
她恐怕是我所認識，最要求精準和重視細節的人。

我已經算是吹毛求疵的人了，但我想我永遠及不上她的標準。

謝謝媽。

她在幫我黏貼讀書報告的封面，讓邊緣變整齊。

每次我問她是如何做到的，她都說她是在「媽媽學校」學的。

如何黏貼高中讀書報告封面好讓邊緣變整齊

媽媽要求精準的個性延伸到她生活中每一部分，包括一些非常具體的食物偏好。

<u>喜歡</u>　　　　　　　　　　　　　　　　　<u>超不喜歡</u>

美式萊姆派	素的水牛城辣雞翅	加奶咖啡	茶	起司蛋糕（或任何起司類甜點）	加糖咖啡
卡布里沙拉	蘑菇	花枝腳	芹菜	所有橄欖	草莓果醬

我有好多這方面的回憶。每當我吃優格或布丁吃到最後，我會把杯子遞給她，讓她幫我把殘餘鏟成一匙，給我一口吃掉。

看起來好像一張臉上面有頭髮

我媽同時也是「修眉狂人」。

有很長一段時間，她都堅持要幫我用鑷子拔眉毛。

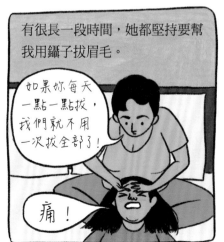

如果你每天一點一點拔，我們就不用一次拔全部了！

痛！

她的成長過程充分顯露她的藝術天分，她和另一位高中同學被封為班上的「創作天才」。

朗妲・霍夫曼，未來最酷的媽媽

她在家總是在進行某種手作計畫，像是：

不用打版就能縫出
新的靠枕

替某個學校活動
寫收件人
姓名地址

練習她心目中的
哥德式書寫體

或是第十次
重新擺設
客廳家具

每年萬聖節，她都能用毛氈、絨毛鐵絲、舊衣服變出超酷的服裝。
不管我們的小腦袋夢想什麼，她都使命必達。

七歲的我：
豆豆娃娃

名牌上是我
的名字，
裡面還
寫了生日
Ty：泰

四歲的寇蒂：
紅心皇后

用普通的
褲襪和
毛衣做的

兩歲的史賓瑟：
「花花公主」

每個場合
必備的魔杖

鋼琴椅掉
下來的金
屬件，用毛
氈花裝飾

最厲害的，是她都趁萬聖節
前一晚我們睡覺時，全部趕
製出來。她會說：

我今晚會變身
小精靈唷！

（就像童書《小精靈
與老鞋匠》的劇情）

然後，帶著她的熱熔膠槍和一張
卡莉·賽門的 CD，躡手躡腳走
進地下室。對於生在猶太家庭的
我們，小精靈恐怕是最接近聖誕
老公公的人物了。

寇蒂和史賓瑟還在念幼稚園時，媽媽替猶太社區中心獨力完成募款
活動需要的所有主題裝飾，因而獲頒了社區之星志工獎。

她的專長是製作臉部開洞的照相板
（這東西有個名字嗎？）
她把圖案畫在珍珠板上，幼稚園
小朋友簡直**為之瘋狂**。

我喜歡熬夜看她製作這些裝飾板。

廚房裡的桌椅
被搬走好騰出空間

空間裡瀰漫著強烈氣味。

橡膠膠水

每支麥克筆聞起來就像是那個顏色,黃色是
檸檬味,紅色是櫻桃味,藍綠色不知為什麼
聞起來像芒果。

麥克筆多支

為了要讓顏色飽滿,她一筆一筆重疊畫出長直線來上色。
我只要閉上眼,就能聽到筆尖摩擦珍珠板的聲音。

漆〜漆〜

費德爾家的生日派對總是廣受親朋好友歡迎，
因為我媽媽會事先善盡籌畫。

用棉花球裝飾 →

讓我們欣喜若狂迎接泰樂的四歲生日！

萬眾矚目，寇蒂要四歲了！

邀請您參加史賓瑟的四歲生日！保證好玩！

表面點綴魚形糖果的布朗尼 →

五彩碎紙

她好幾個月前就會開始腦力激盪

我們要先想一個主題。

我喜歡茉莉公主！

親愛的，卡通人物的主題已經太多人用過了，用「春天」如何？

然後用圖畫紙和亮粉變出魔術。

用圖畫紙做的皇宮背板 →

（我最後還是說服她讓我辦阿拉丁派對）

我們本來就有的神燈玩具

阿拉丁風格的糖霜字體

阿拉丁圖案的包裝紙 →

Tyler 5

就算派對是辦在祖父母家的穀倉，供應的是量販店蛋糕，大家還是玩得非常開心。

我跟媽媽最甜蜜的回憶，是我六年級時跟她培養出的小型起床儀式。那是唯一我進入中學但兩個妹妹還在念小學的一年，只有我早上很早就要起床。

她會輕輕走進房間，

滑進床上睡在我身邊，
看起來溫暖又迷糊。

我們會依偎在一起咯咯傻笑，
好像睡衣派對一樣。

然後她會把我趕下床，
準備上學。

那會讓我很沮喪，我現在覺得那彷彿是媽媽要離我遠去的隱喻。
我媽媽很神祕，又會安慰人，而且是那麼地有趣，現在的我願意放棄一切，只求能跟她一同依偎在床上。嗚嗚！

讓我聯想起我媽的
真人和虛構人物（加一隻貓）

伊莉莎白·詹姆斯
（1998 年電影《天生一對》裡的媽媽）

飾演她的演員
娜塔莎·李查遜
竟跟我媽同一
星期過世！

因為：優雅，富有想像力，
又有點調皮

迪士尼動畫《貓兒歷險記》裡的
貓媽媽「杜翠絲」

我就是裡面的
長女瑪莉！

因為：個性溫柔又撫慰人心，
她還生了三隻小貓

好萊塢演員潔美·李·寇蒂斯

我媽剪這種
頭髮一定也會
這麼有型！

因為：她也擁有短髮人
精神充沛的氣場

黛安娜王妃

同樣
年紀輕輕
就去世！

因為：她擁有使人安心自在的
溫暖氣質

喜劇演員蒂娜·費

尤其是她還在
「第二城」劇團
時代的照片，
超級像

因為：她有深色眼珠、尖下巴，
非常聰慧矯捷

《歡樂滿人間》的魔法保母瑪麗·包萍

那是我媽
最喜歡的
電影！

原因：不按牌理出牌又
同時有點傻氣

chapter two

第二章 晴天霹靂

我從高中畢業過後沒幾天，我們全家就從芝加哥西北邊從小住到大的猶太區搬到佛羅里達州，新家位於盎格魯白人菁英感很重的社區。

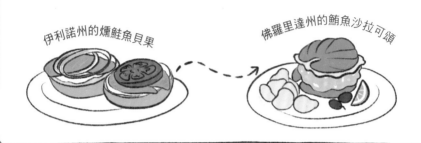

伊利諾州的燻鮭魚貝果　　　　　　佛羅里達州的鮪魚沙拉可頌

我離家獨自面對緊張、焦慮的大學一年級，父母和妹妹已經能夠適應新家的環境。

告別媽媽的時候，心情非常沮喪

我有焦慮症（那時都還沒發現也沒治療），我還沒準備好進入大學生活。

快來，樓上他們弄了酒！

要是我們被抓到怎麼辦？要是我們被逮捕怎麼辦？要是我們死於酒精中毒怎麼辦？*

*美國可以合法喝酒的年齡是21歲。

我不喝酒、不混派對也不跟男生約會。

我現在想先專注學業！

我喝水就好，謝謝！

我明天要早起！

手上拿著杯子，感覺比較不尷尬

感覺不舒服的時候，我就會打電話給媽媽，請她准許我不去上課。

如果我法文課請假一次，你覺得可以嗎？

親愛的，你不需要我的准許！

大一迎新那一週，我都躲在宿舍裡吃冷的罐頭義大利麵。

因為廚房裡隨時都有人，不然我就會熱一下再吃！

其他人看起來老早就準備好迎接大學生活。

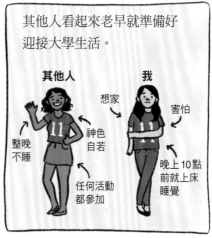

其他人　　　我

想家
害怕

神色自若

整晚不睡

晚上10點前就上床睡覺

任何活動都參加

為期七天的破冰馬拉松結束後，我才比較上軌道。

我主修廣播／電視／電影，夢想有一天能進入《超級製作人》*的劇組工作。我上的課既迷人又刺激。

*《超級製作人》（30 Rock）是演員蒂娜·費（Tina Fey）製作的美國情境喜劇。

到了年底，我覺得我整個脫胎換骨長大了一點，比較能適應新環境了！

我穿的是海軍風短大衣喔！

我參加一個派對，而且待了快一個小時哦！

我昨天和朋友「半夜」才去吃晚餐！

我要成為下一個蒂娜·費！

學期結束後，媽媽飛過來幫我從宿舍搬家。

我們簡直是穿母女裝欸！

只有鞋子不一樣。

快去換一雙夾腳拖！

我們吃午餐時談笑得太開心，竟然錯過回家的班機。

可惡。

下一班飛機要等到隔天早上才有。媽媽不想打擾住附近的親戚（我也不想），我們只好睡機場的長椅，保全監視器照不到的地方。

如果是別人，那必定是噩夢一場，但跟她一起，卻是一場冒險。

一下飛機，我的身體就告訴我我到佛羅里達了。

好吧！

放暑假「回」佛羅里達的家感覺很奇怪。我家人過去一年來已經適應了當地，但我沒有，我感覺好像是來度假的一樣。

大妹寇蒂去參加夏令營，小妹史賓瑟留在家裡。我因為想學寫電視腳本，已經向當地的 ABC 新聞網申請實習。

我即將踏進電視界了！搞不好有哪個主播能介紹我認識蒂娜‧費！

我沒拿到實習資格，但爸爸的表親有個朋友在那裡擔任氣象主播，所以他們還是允許我進去「幫點忙」。

有誰需要幫忙嗎？

沒有！

新聞台很忙碌，我又害羞，所以大部分時候我都是坐在控制室靜靜「觀察」。

有一天，有個製作人問我想做些什麼。

嗯，我學寫電視腳本的？

經過幾輪嚴格的批改之後，他們終於讓我做一些當地新聞的腳本編輯。

我好酷！

有夠興奮的。

如果您發覺西耶斯塔海灘本週末彷彿變身《海灘遊俠》的場景，那是因為年度救生員大賽……

這是我寫的！

實習的那兩個月裡，媽媽開始抱怨她下腹部脹氣。

根本是吃太多
花椰菜或是別的

我覺得我這幾天
老是在脹氣。

我也是！

進入死亡倒數

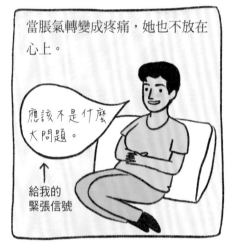

當脹氣轉變成疼痛，她也不放在
心上。

應該不是什麼
大問題。

↑
給我的
緊張信號

她總是表現得很樂觀（尤其是有
像我跟爸爸兩個緊張專業戶在
身邊），總是預期最好的狀況。

大概是吃了
什麼怪東西。

但是疼痛並沒有消失。

好痛！

她開始四處看醫生。

家醫科

腸胃科

胸部 X 光

婦產科

我們的生活節奏變成這樣。
我每天早上天還沒亮就起床。

爸爸開車載我去新聞台。

我會把我內在的蒂娜·費熱情轉
移到撰寫當地的無聊祭典或其他
新聞上。

我好酷

接著爸爸來載我回家,路途中他
跟我報告媽媽的狀況。

今天呢?

一開始,有個醫生認為她有某種消化方面的毛病。另一個醫生則懷疑她是
不是有根肋骨骨折。
聽起來都像是差不多的嗡嗡嗡:「或許只是某種感染」、「或許她對這個那
個過敏」、「或許那只是某種沒什麼大不了的毛病」。

我們完全沒人預料到那會是**癌症**。

有天爸爸載我下班回家時，在車裡接了一通電話。我翻了翻白眼，我很不喜歡我坐在副駕駛座時他講電話。

接著我聽到他講了那個字眼。

剎那間，我覺得
全身血液
好像被抽乾了。

!@#$%
腫瘤科……
!@#$%

癌症，只有我不認識的人才會得癌症，那是煽情的癌症宣導廣告和5公里慈善義走才會聽到的字眼。

我的家人
才不會得癌症，
我媽才不會！

我全身都麻木了。

爸爸和我回到家，史賓瑟正在廚房裡做早餐。

記不清是誰跟她說媽要去看腫瘤科。

「腫瘤科」是什麼意思？

老天，我還得解釋給她聽。

去看醫生那天，就在爸媽要出門前一刻，我突然從房中跑出來。

我不懂為什麼我突然一股衝動要在這極不合時宜的時刻「告白」這件事。

好像我不希望跟她之間有什麼未了的事情，但其實她只是去看個醫生，並不是怎麼樣。

等待腫瘤科檢查結果出來的那一週，我組了一個宜家家居的衣櫃擺在臥室裡。

爸媽從醫生那裡回來後，把我們叫進房間宣布醫生的診斷結果。

是卵巢癌，
第四期。
醫生說這種癌症
很不妙。

我過去只看過媽媽哭過一次，是我小時候在某次葬禮上。
這件事則嚴重得太多太多了。

票選冠軍的
拭淚面紙

爸爸和史賓瑟離開房間去整理情緒，
我則留在房裡倚著媽媽的肩頭輕輕哭泣。

我們靜靜地坐在那裡好一會兒。

以下這幅畫哪裡不對勁？

生命垂危

你不用擔心，
一切都會變好的。

健康無恙

我不曉得媽媽得了癌症，我要
如何回學校上課。

我朋友從沒
看過我哭。

其實我是希望她說我可以留在
家，但她卻說：

沒關係，
凡事都有
第一次！

事情進展很快，醫生馬上開出療程。

我們最快可以排星期一開始化療。

親戚也都通知了（從寇蒂開始，她這段時間去了需要住宿的營隊）。

親愛的，我們有些消息要告訴妳。

好心的朋友、我沒見過的朋友的朋友，為我們送來好多、好多食物。
（這部分倒是很好玩，我嘗到好多美味的非猶太食物！）

燉菜 #1
燉菜 #2
介於燉菜 #1和燉菜 #2的東西
樹薯布丁
非猶太式雞湯麵
肉很多的千層麵
肉更多的千層麵

我傳了一封笨拙的臉書訊息給少數幾個朋友，讓他們知道這件事。
並不是說我希望他們能做什麼，而是這樣我回學校後就不必跟他們解釋。

哈囉，好久不見！我只是想跟你說

這則消息是如此驚天動地，初聽到時我很害怕我會忘記，
我不想還得要再次想起來。
為了防止這種事發生，我獨處的時候不斷提醒自己。

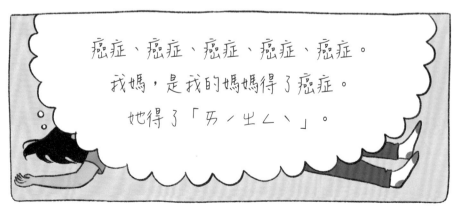

如何盡情地 痛哭一場

先確定你有充足的優質面紙

這樣就不必動用廁所衛生紙，甚至廚房紙巾（這更糟）！

穿上最舒適的衣服

重要！
哭完後要喝很多水，這樣才不會哭完因為脫水而頭痛！

找個可以擠壓或摟抱的東西，例如軟枕頭、毛小孩，或是富有同理心的人類。

好了，準備大哭一場，
大量激發美妙的腦內啡吧！

*《癖客二人組》（*Flight of Conchords*）是一齣情境音樂喜劇。

chapter three

第三章 一切為二

生在一個過去沒人得過癌症的家族，我們對於癌症一無所知。

有好多醫師、護理師、專科醫師，爸稱他們是「夢幻團隊」。

每次預約看診和治療都極度耗費時間，無聊的程度有點像是去兼差打一份報酬很低的工。

歡迎來到癌症漢堡！

真正的化療跟我以前的想像截然不同。這是我想像的畫面：

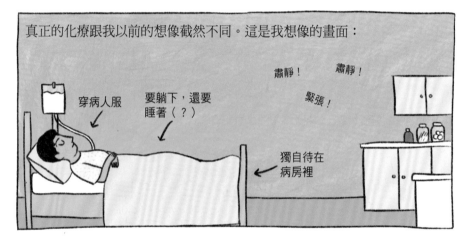

穿病人服

要躺下，還要睡著（？）

肅靜！　　肅靜！

緊張！

獨自待在病房裡

這才是真正的化療場面：基本上就像個美甲沙龍，只是座位旁是吊點滴不是美甲臺。

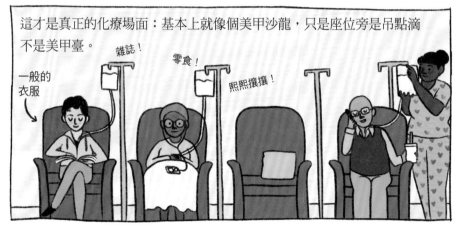

一般的衣服

雜誌！

零食！

熙熙攘攘！

有時候我會陪媽媽一起做化療。

我們會玩文字遊戲或是討論重要話題。

這個位子有人坐嗎？

哈哈哈。

《價格猜猜看》對老人家不公平！

廣告只有賣壽險和暖氣！

有趣小常識！
化療其實很毒！

化療會找出所有生長快速的細胞並將之殺死，好的（例如頭髮）跟壞的（癌細胞）都會。要除掉壞的，就不得不也除掉好的（另一種隱喻）。

化療副作用給癌症病人造成的「不舒服」，經常超過癌症本身。
媽媽很快就出現許多副作用：

噁心想吐

神經病變
（肢體末梢出現
無法消除的針刺感）

疲累

味覺紊亂
（多數食物嘗起來
變難吃）

骨頭發痛

等到九月開學時，媽媽已經太虛弱，無法幫我搬回宿舍，所以是爸爸送我去。

跟前一年比有如天壤之別。

媽媽幫我搬家，我的內衣抽屜長這樣：

爸爸幫我搬家，我的內衣抽屜長這樣：

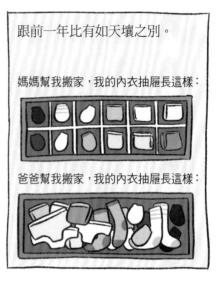

搬回宿舍整體來說很順利，除了大家補充近況的對話。

我多希望能這樣回答：

其實我暑假過得很糟。我媽診斷出卵巢癌第四期，我很難過、很害怕，我可以感覺連我的心臟都在痛！！！

我實際上的回答：

我的暑假過得還不錯，我在新聞臺實習，那些主播都好瘋狂！！最糟的恐怕是佛羅里達的濕氣了LOL！

害怕尷尬和害怕死亡的感覺相像得嚇人！我們總是想盡辦法避免這兩者！

緊張的笑！

用臉書事先跟親近好友講了媽的事情，是有好一點……

嗨！

……但也沒那麼好。

你還好嗎？

我還好。

那就好。

對呀。

對呀！

我無法放下心防，盡情傾訴心底話。我很莫名地想保護朋友的心情，我不希望我開始咒罵癌症，讓他們很不自在（我也絕對不想要成為其他人的焦點）！

不過，人類生來就能適應各種變故。這一年來，我逐漸習慣了扮演「癌症母親的女兒」/「無憂無慮大學生」的角色。

我的雙面人生活跟迪士尼影集的孟漢娜＊毫無二致。

＊ 孟漢娜在劇中有著雙重身分的女孩。

我只懂得用這種方法來面對！

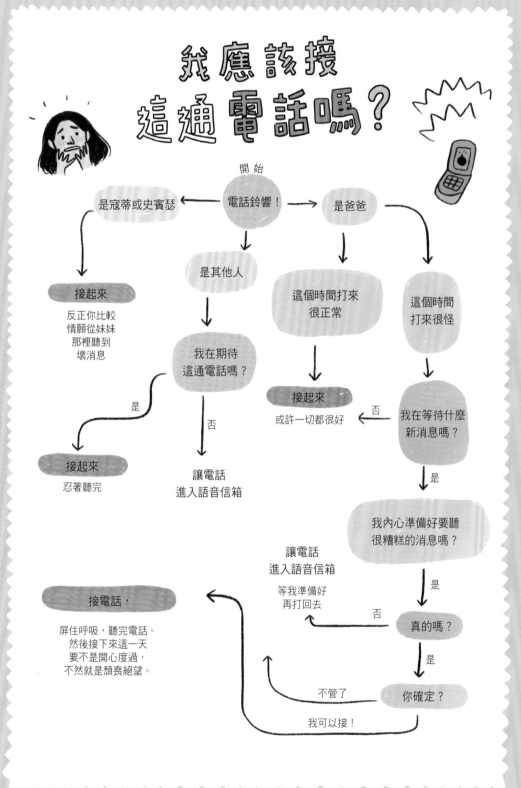

媽媽接受癌症治療時我在外地上學，這表示每次看到她變衰弱都對我是個劇烈的衝擊。她生病時我總共只看過她幾次，每一次看到她都比前一次還糟。

意會式表現法

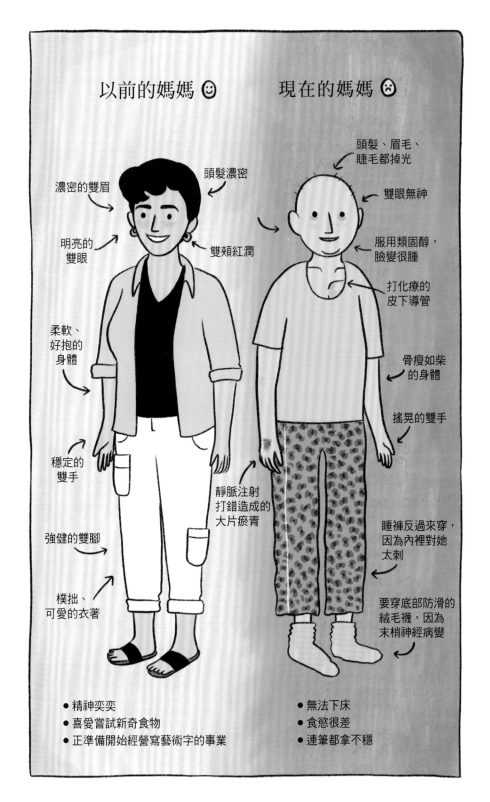

我們試著保持樂觀。

媽媽很努力地保持正常生活
（無論這是什麼意思）。

玩手機裡面的遊戲

那很耗費體力。

不過冬天時我們得到了一個暫時的好消息。家人陪媽媽飛去芝加哥動手術。爸爸打電話給我，他這次「終於」有一次不是告訴我壞消息了。

喂？

小泰，醫生在動手術前給媽媽做了一次驗孕。

嗯哼？

那是例行公事，不過，她驗出來是偽陽性。

嗯哼？

醫生又給她做了些檢驗，結果她得的根本不是卵巢癌，她得的那個叫做「絨毛膜癌」。

那是什麼意思？

那是一種子宮內發生的癌症，還有〔鼓聲請準備〕，第四期還是能治癒！

喂？

從那時起，不管媽媽變得有多衰弱，這股樂觀情緒著實感染了我。我很**確信**她一定會好起來。

放寒假時，我們全家搭了一座主題為猶太光明節的薑餅屋，參加社區競賽。

擀糖果片好切成需要的形狀

有那麼一會兒，感覺就像舊日時光。

我們明年應該要報名參加美食頻道的比賽。

沒錯！

雖然我們的薑餅屋在三名參賽者中得到第三名（評審眼睛一定都瞎了），但我們一起度過了好愉快的時光。

我實在等不及你趕快好起來。

我也是。

寒假快要結束，我離家返校前，給媽媽一個大大的擁抱。

我會想你！

要想我喔！

那是我最後一次看到她神智清醒的模樣。

痛苦瑜伽

53

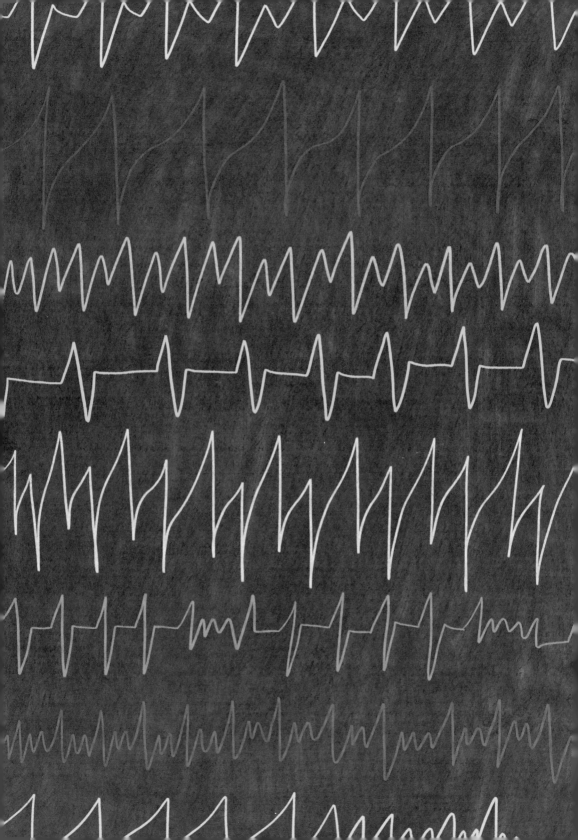

chapter four

第四章 最糟的一天

冬季學期過得很快,我上了第一門編劇課,我把全副精力放在撰寫我第一部短片腳本上。

一七順利!

期末快接近時,我整個人心情大好。

再5天春季就正式到來!!

待在學校的最後一天,我跟朋友到密西根湖畔散心,坐在石頭上喝咖啡冰沙。

能出來走走真好。

我也很期待趕快搭上回家的飛機,因為我最喜歡的小說系列終於出了最後一集。

《永遠的公主》
梅格·卡帛

公主日記系列小說可以說是陪著我長大,隨著最後一集出版,感覺就像我過去的人生在此闔上了一個篇章。

我抱著無窮希望走下飛機，走下飛機總是令人興奮，外面的夜色溫暖澄澈。

聖彼德-克利爾沃特機場

走進小小的、幾乎無人的聖彼得-克利爾沃特機場，我打電話給爸問他車停哪裡。

小喬，我還要45分鐘才到。

我聽了吃驚又生氣。

45分鐘？

抱歉，親愛的。今天晚上，很忙碌。

空曠的機場一片寂靜，我努力揮去空氣中的恐怖感，專心讀我的書。

爸爸終於到達的時候，看起來怪異地安靜。

爸！

我們要先去醫院。

我甚至不曉得她人在醫院。

我還以為她這些時間以來，不過是坐在廚房裡拼拼圖。

前往醫院的遙遠路途上，我們經過一家熊貓中式快餐，爸爸吃了些橙汁雞塊發洩壓力，我則呆愣愣地注視遠方。

真的很受虐時我吃不下東西

到了醫院，寇蒂、史賓瑟，還有瑪莎阿姨（跟媽媽感情很好的姊妹）坐在旁邊的一張空床上。媽媽的臉因為服用類固醇異常腫大，看起來已經完全變形。

我瞬間陷入歇斯底里的狂笑，

媽媽的臉
怎麼了？

停不下來。

寇蒂和史賓瑟被我感染，這幅
景象看起來詭異地好不真實。

哈哈哈哈哈哈哈

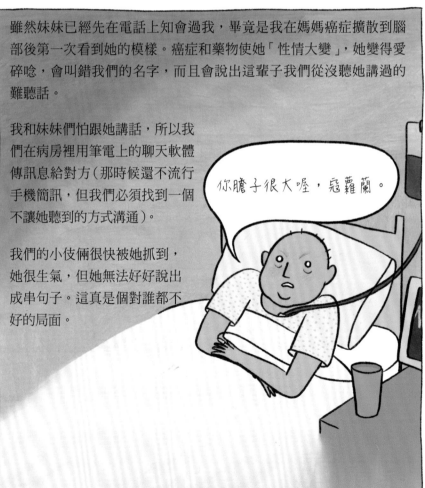

雖然妹妹已經先在電話上知會過我，畢竟是我在媽媽癌症擴散到腦部後第一次看到她的模樣。癌症和藥物使她「性情大變」，她變得愛碎唸，會叫錯我們的名字，而且會說出這輩子我們從沒聽她講過的難聽話。

我和妹妹們怕跟她講話，所以我們在病房裡用筆電上的聊天軟體傳訊息給對方（那時候還不流行手機簡訊，但我們必須找到一個不讓她聽到的方式溝通）。

我們的小伎倆很快被她抓到，她很生氣，但她無法好好說出成串句子。這真是個對誰都不好的局面。

你膽子很大喔，寇蘿蘭。

媽媽問我能不能跟她一起「過夜」，我說好。我本來以為她是說讓我像在家裡那樣陪她一起睡，但其實是要我睡在另一張空床上陪她。

醫療劇是個糟糕的選擇

我用手指和舒酸定牙膏刷牙，想辦法和衣入睡，但是現實中的噩夢不斷襲來，我無法入眠。

當我在學校裡寫我那蠢透了的短片腳本時，壓根沒想到媽媽的健康急速惡化。她衰弱得像個90歲老者，同時又天真得像個嬰兒。

那天晚上，我得協助她換內衣。

還要攙扶她去廁所。她全身無力，幾乎要仆倒在地上。

她一直想拿掉氧氣面罩（癌症也已經蔓延到肺部）。

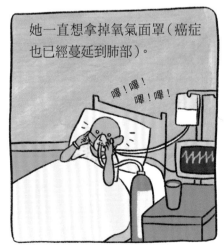

我得跑到護理站請求幫忙。

那感覺就像是有個我不認識的人住在媽媽的軀體裡，問題是連她的軀體也已經不像是她。

過去的她有如一幅被水潑到的畫像，輪廓模糊，紙張發脹。

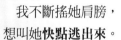

我不斷搖她肩膀，
想叫她**快點逃出來**。

那絕對是我人生中最驚悚的一晚。

但在那驚魂夜裡，媽媽也有短暫回復清醒的時刻。

那短暫的一刻是我珍藏的壓箱寶，以防哪一天我去電影試鏡需要表演現場哭泣。

即使那一夜如此沉重，我仍舊沒有意識到死神已悄悄逼近。媽媽自從診斷出癌症後就不停出入醫院，要輸血、打某種點滴或是要觀察之類的。所以我想這些只是虛驚一場。

只要她那些指數再次回升，我們就可以回家，回到我們平靜的生活。

但她的狀況急轉直下。護理師在她的床邊架了一個平板，如果她嘗試自己下床就會發出很大的警鈴聲。媽媽不曉得怎麼了，她一直想下床。

這個情況持續到次日夜裡。此時，有個溫柔的醫生把我們拉出病房，輕輕將門帶上。其實，一切的一切都在導向這個結論，只是沒有人大聲說出來而已。

我媽媽的病人服

披毯

現在的狀況是，她已經到了末期。

該是讓她舒服點的時候了。

醫院從安寧醫療部門指派了一位好心女士來候診室與我們見面。

我來是要幫助你們。

我無法想像有人的職業必須經常要接觸到其他人沉重的悲傷，但她看起來非常平和，也很冷靜、有耐心。

我母親也是幾年前才過世，我能體會你們的心情。

那天夜裡剩下的時間，我們輪流陪病，輪到休息的人就想辦法蜷縮在候診室的椅子上睡覺。

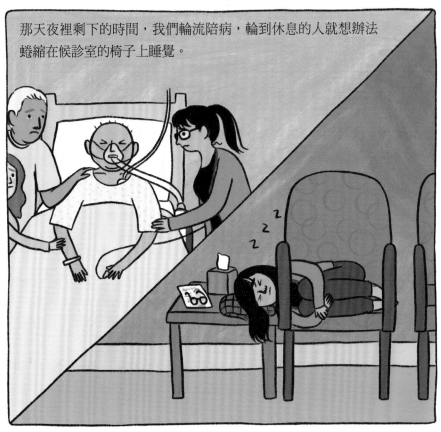

第二天，醫院給她打了嗎啡，接下來，就剩下等了。

媽媽的最後一餐：

烤起司吐司 → 番茄濃湯

我們從對街的店裡買來，她只吃了幾口。

我們五個人——寇蒂、史賓瑟、爸爸、瑪莎阿姨，和我——就像行屍走肉般在腫瘤科的樓層移動。

悲傷、悲傷　　悲傷、悲傷　　悲傷、悲傷

但不論多少踱步或打盹，都不能阻擋死神靠近。看著心電圖在昏暗的房間裡上下閃動，竟奇異地有種電影感。

等待人死的感覺非常詭異。等了一陣子之後，你會發覺你在期盼死的到來，這樣整個過程才會結束。可是，等待媽媽過世的感覺好像永遠都不會結束，悲慘至極。

我把媽媽的號碼從手機上刪除，心想現在做應該會比她過世後才做少一點悲傷。

呼～呼～

媽

刪除這個號碼？

史賓瑟說她想在媽媽臨終時待在病房裡。寇蒂則不想，她的腦海裡只想保存媽媽活著的樣子。

我不曉得我想要怎麼樣。

我跟寇蒂在一間小小的「家屬等候室」待了一會兒，就在媽媽病房外的轉角，跟一間走入式衣櫥差不多大。裡面燈太亮，聞起來都是不新鮮的咖啡味。

我把飛機上的書最後幾章讀完，那彷彿是前半生的事情。

完全失去時間的概念

怎麼可能是才兩天前的事情？時間好像已經過了好幾年那樣久。

還穿著搭機時的衣服

隨著我讀完最後一行字，一股讀畢一本書的熟悉滿足感洗刷過我全身。

《永遠的公主》

梅格·卡帛

那感覺溫暖又慰藉，我有一秒鐘暫時忘卻了世間事。

我準備好迎接我的美好結局！

但下一秒鐘，

我在幹麼，我媽媽正在**生命垂危！！！！**

我趕忙去拿筆電，但它跟媽媽一樣，電力所剩無幾。

我的充電線放在媽媽病房的行李袋裡。

我去一下就回來。

薛丁格的「媽」*正等著我。

---

* 正確典故是「薛丁格的貓」，這是奧地利物理學家薛丁格提出的想像實驗。一隻貓被關在箱子裡，有可能是死的或活的，在打開一探究竟之前，這隻貓永遠都會以其中一種狀態存在。這裡是說，作者要是不打開門，母親的狀態都有可能是死，也有可能是活的。

當我探頭進去，爸爸正坐在床尾邊的椅子上，史賓瑟躺在媽媽身邊握著她的手，一名護理師站在心電圖的旁邊。

沒幾下工夫，媽媽原本努力呼吸的聲響緩慢了下來。接著，她吸了一口氣後，就不再呼氣了。

「她走了嗎？」
忘了是誰問護理師這句話，
護理師點了點頭。

她走了。

跟著媽媽
一起消逝的東西

可以用「現在式」
提起她

她的香草熱牛奶食譜，
小時候她都會做給我們喝

覺得自己是
「正常小孩」

她的親筆字

覺得家庭是
圓滿的

家裡有一個人跟我如此相像，
但還是可以過得很好

還要加上：她所有的軼事、回憶、意見、祕密，
還有她腦中所有異想天開的怪點子。

庫博勒—羅斯模型：哀傷的五個階段

（其實這是用來描述
絕症患者經歷的五個
情緒階段，並非描述
失去所愛之人的人）
（但管他的）

1. 否認

2. 憤怒

3. 討價還價

4. 抑鬱

5. 接受

我個人經歷的哀傷階段

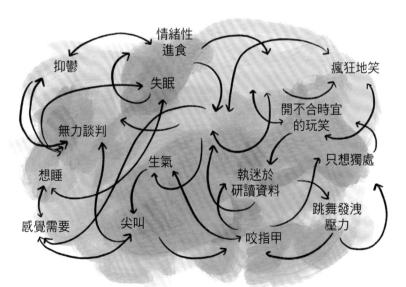

抑鬱　情緒性進食　失眠　瘋狂地笑　開不合時宜的玩笑　無力談判　只想獨處　想睡　生氣　執迷於研讀資料　跳舞發洩壓力　感覺需要　尖叫　咬指甲

chapter five

第五章 安排後事

就這樣，我成了親眼目睹死亡的人。

這段經歷非常反高潮，跟我在醫療劇裡看到的呼天搶地大相逕庭。

我去把寇蒂找來，所有人圍繞媽媽站著默哀幾分鐘，感覺像接下來有人要舉杯致詞的樣子。

沒人說話，我伸出手，握緊媽媽還溫暖的手，

說出浮上心頭唯一的話，

我愛妳。

然後走出房間。

過沒多久，瑪莎阿姨從機場接回我四位祖父母輩中的三位（外公太年邁，沒辦法立刻趕過來）。這真是最糟糕的家族團聚了！

那天本來應該要幫寇蒂辦生日派對的（她的18歲生日是3月22日，但媽媽在21日過世），我們幫她準備的生日蛋糕還放在車裡。
死亡實在很容易凌駕一切事物。

總之，那是尋常雜貨店就能買到的蛋糕，有一張寇蒂的照片印在表面的糖霜上。

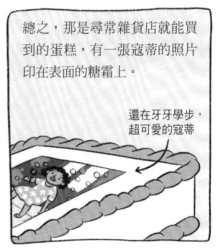

還在牙牙學步，超可愛的寇蒂

我們聚集在等候室裡，一邊吃寇蒂的蛋糕，哭哭笑笑。

我們沒辦法回到空蕩蕩、沒了媽媽的家。

取而代之，我們在附近的飯店訂了幾間房。

能不能多給我們幾支牙刷？（啜泣）

沒問題。

瑪莎阿姨是個天使，她在去機場的路上還先繞去百貨店幫我們買了幾件新內衣。

錯過妹妹的臨終時刻，只為了幫我們買東西

我脫掉全身上下在宿舍換上就沒再換洗過的衣服，

不敢相信我是穿這件開襟衫見她最後一面！

換上一件男生的大號汗衫和全新內褲。

聞起來有死亡的味道（確實沒錯）

睡覺通常穿這樣

我猜這是全新的我。

在開了空調的飯店房間裡，
我覺得又冷又脆弱，好像新生
的嬰兒。
每件事物陌生又可怕。
我想要媽咪。

第二天早上就像從夢中醒來，醒悟到這是真實的。

我不敢相信我會看到我母親死亡！
她已經死了，這不像是隨便會發生在普通人身上的事情！！

我又不是超級英雄，也不是什麼上天揀選的奇才。

我不過是個害羞的大二生，瀏海還是我自己剪的怪異髮型！

不過，我還是感到一絲極微小的安慰。

父母死於癌症的好處（？）是在於，一旦他們過世，這件事就不會重複。失去母親的痛永遠不會消失，但看她生病受苦的痛卻已經完結。

不再需要聽到她要用助行器的二手消息，也不再需要看著她眼眸中的光一點一滴消失。

咚

不再需要接到「有些事要告訴妳」的電話。

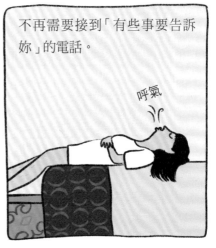

呼氣

不再需要擔心納悶。

失去母親的事實，就像我腳下踩的地，冰冷又堅硬。

按照猶太傳統，人死後要盡速下葬，因此突然間我們有好多事情要做。

即便我們已經搬到佛羅里達好幾年，葬禮還是要在芝加哥舉行。

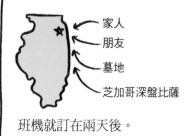

家人
朋友
墓地
芝加哥深盤比薩

班機就訂在兩天後。

我們全都回到家，現在家裡安靜異常，只除了家裡那隻脾氣壞得可愛的貓，牠完全不曉得也不在乎發生了什麼事。

喵嗚

冰箱塞滿鄰居送來的千層麵，屋外格外晴空萬里。

除卻這一切傷心事，
三月的佛羅里達氣候
非常宜人。

待辦事項清單長得嚇人：

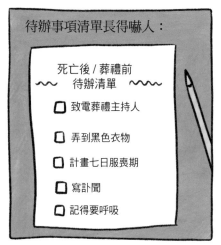

死亡後／葬禮前
待辦清單

☐ 致電葬禮主持人

☐ 弄到黑色衣物

☐ 計畫七日服喪期

☐ 寫訃聞

☐ 記得要呼吸

家人一起為媽媽寫訃聞簡直是一團亂。

　珍愛的女兒

　摯愛的母親

　珍愛的媳婦

　不，摯摯愛的妻子

　莊重一點，拜託使用牛津式逗號。

為什麼訃聞經常是塞滿長串親戚名字的清單，沒有任何引人入勝的細節？看完後完全無助於了解逝者！

無聊！

■ 約翰·某某三世

珍所深愛的丈夫，小珍、傑夫和約翰四世的父親……

要是我就會這樣寫：

✡ 朗姐·費德爾
（婚前姓氏：霍夫曼）

深受親朋好友喜愛的朗姐·費德爾，於週六因子宮癌末期離開了我們，享年47歲。朗姐是個拼字遊戲奇才，喜歡吃辣，愛發出傻氣的聲音。她的雙手冰冷，但內心火熱。她喜歡的花是紫丁香，喜歡的顏色是淡藍紫色。她還有大好人生等著她去過，卻提早離開了我們。不公平！！！

一天下午，我們一起走去購物中心買黑色的喪服。

我們分頭進行。史賓瑟和我走去 Forever 21。

某人將穿 Forever 21
出席母親的喪禮

哈囉，小姐們，有特別要找什麼樣的衣服嗎？

[佛羅里達式的高昂聲調]

我們只是先看看逛一逛！！

穿過許多五顏六色的時髦跑趴服裝之後，終於找到少少幾件樸素的黑色衣物。

這件看起來適合參加葬禮嗎？

應該可以？

[歌手凱莉·克拉克森式的尾音上揚]

我很在意我們家人會爆哭引來側目,所以我在飛去芝加哥前,塞了一整盒面紙在我包包裡,只要看到有人眼睛濕潤起來,我就馬上把面紙盒遞過去。但,面紙無法讓你停止哭泣!

機場的一切好像都在嘲弄我們。

祝您玩得愉快!

旅途愉快!

我們握緊雙手,
咬緊牙關撐過去。

落地後,瑪莎阿姨的孩子,也就是我們那些很酷的表兄姊來接我們。

麥可　麥可的太太　藍娜　潔西卡
　　　　芮思

他們跑過行李轉盤直衝過來,緊緊把我們抱住。

坦帕市
TAMPA

我們分乘兩輛小巴士,跋涉回到我長大的地方。

您即將進入:

鄉愁小鎮,美國

SOSOSAD

Sososad: 無比悲傷

按照猶太習俗，哀悼儀式得在逝者家中舉行，但既然我們已不住在芝加哥，就改成在瑪莎阿姨家。

我爸、兩個妹妹、我，加上麥可、芮思、藍娜、潔西卡，所有人擠在一座房子裡。

每個人都在說笑，一直打斷彼此，人聲鼎沸。

全家族住在同一個屋簷下的一團混亂，是種熟悉又療癒的感覺。

好比頭痛時敷塊濕毛巾在額頭就能大大舒緩疼痛，即便只是暫時的。

那天晚上，我們與猶太拉比見面討論葬禮流程，還有該由誰來致悼詞。

主持我成人禮的拉比 →

← 親切又睿智，說話的聲音非常祥和

高中時的我曾參加猶太會堂的怪咖兒童合唱團，地點就在我們現在聚集的房間裡。

怪咖兒童合唱團的指揮 ↓

另一位阿姨法蘭茜和舅舅亞特 ↓

才過了不到十分鐘，我就開始**抽泣**。拉比和合唱團指揮叔叔是我從小就認識的大人，但這個場合仍舊讓我感到**超級不對勁**。

→ 幼兒時期以後，第一次真正在外人面前哭泣

面對一個要主持你母親的葬禮，現在在跟你討論細節的拉比，要是你現在哭不出來，什麼時候能？對嗎？

（還好我包包裡還有那一大盒面紙）

隔天，我們跟葬禮主持人見面，禮儀社就開在一家優格冰淇淋店隔壁。我第一天上幼稚園，媽媽就是帶我來這裡買冰淇淋慶祝。

他讓我們挑選葬禮程序單和感謝卡的花樣。

感謝
這段可惡的期間裡，
感謝您的致意與慰問

我們都笑了，一看就知道媽媽會想選哪一種字體。

她總是直截了當地表達她的審美偏好，彷彿是她自己在籌畫自己的葬禮一樣。

拜託不要金盞花，不好看又不好聞！

葬禮主持人讓我們看照片挑選棺木的樣式。

我們還有一種新的藤編風棺木，要不要看看？

那看起來不會像是個洗衣藍嗎？

我想要看看。

他拿了一個小型的藤編風棺木模型給我們看。

意會式表現法→

最後我們選了木製的棺木。

就這樣，死亡後／葬禮前待辦清單上的所有事項就辦完了。

明早見！

那天晚上，我換上我最喜歡的舊睡衣，爬上潔西卡的床（下星期就換我自己睡了）。現在，一切事物都是熟悉與全新的混合體。

明天就是重要的日子，我莫名地覺得媽媽也應該在場。

悲傷的類型

chapter six

第六章 死亡馬戲團（上）

葬禮那天早晨充斥著喧囂和忙亂，大家庭的正常發揮。

有人買了一大盒甜甜圈放在廚房餐檯上，讓大家取用。

我和妹妹們為了葬禮做了最佳打扮，步履沉重地走下樓梯。

那時候影集《花邊教主》正當紅，所以我們都融入了髮帶的造型。

一輛禮車等在外面要把我們載去禮儀社。老實說，要不是這是媽媽的
葬禮，那個早晨還挺好玩的。

會場到處擺設著迷你瓶裝水和面紙。

葬禮主持人引導我們去家屬休息室，發給我們每人一個黑色的小別針。

基本上它是這個意思　　　　實際上的樣子

有趣小常識！
猶太的哀悼習俗中，主要哀悼者（就是逝者的父母、兒女、配偶、手足）會把最靠近心臟部位的衣服撕下一小塊，那叫做「克里亞」（kriah），用來表達失去親人的悲傷與憤怒。

現代大家常用的克里亞，是撕開一小段黑紗布別在胸前。

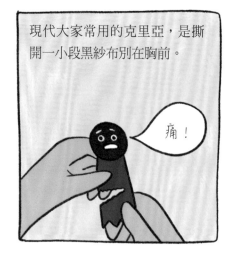

痛！

（這樣就不需要撕壞衣服了。）

我們一起唸了克里亞禱詞，撕開黑紗，別在胸前。

克里亞的涵義是，就算我們想辦法縫補，這一小塊黑布也無法回復到未撕裂前的樣子，正如我們的心再也無法回到媽媽過世前的狀態。

平安無事

撕裂

永遠改變

我們的哀悼「制服」已經完成，可以回到禮拜堂了。

我上一次參加葬禮是我曾祖母過世。她過世時91歲，我12歲。我很愛她，但這次的感受全然不同。

嗚

一切都**真實**到不行。

媽媽閃閃發亮的棺木擺在會場前方，上面裝飾了一束粉桃色的玫瑰花，比我想像中的還要富麗堂皇。我總是看我爸暱稱媽媽「桃子」，幾無例外。他都說那是因為媽媽的肌膚就像桃子般紅潤，但是我私底下曾懷疑是不是因為媽媽的臉龐也像桃子一樣有層我很愛的細絨毛，但講出來她一定會生氣，所以我只在這裡講。

會場裡擺滿有坐墊的椅子，跟猶太會堂或教堂毫無二致，只差第一排擺的是已經有點破舊的天鵝絨沙發，中間擺上面紙盒。早晨的陽光從小小的方窗照射進來，可以看到小小的灰塵粒飄浮在光束中。

氣氛有點沉悶而正式，但大部分時候都很寧靜和舒適，這是個很適合貓咪在地毯上打盹的房間。

但這片寧靜沒有持續太久，賓客陸續抵達。

哇噢

我們家一直都是人數眾多的大家族，但是外面的洶湧人潮仍叫我目瞪口呆。

天啊

沒錯，有很多是家族親戚，但更多是老朋友、新朋友、多年沒見的朋友的爸媽。

為什麼?

朗姐!

朗姐!

朗姐!

朗姐!

朗姐!

我們都愛朗姐

我們想你

朗姐!

我們都 ♥ 朗姐

英年早逝

意會式表現法

朗姐!

由於來了太多人，禮儀社得開放第二會場，將儀式用閉路電視「轉播」到另一頭的房間。

朗姐・費德爾的葬禮

售完

只剩站位!

我感到自豪不已，我想這表示我那文靜的媽媽觸動了如此多的生命。

哇～

儀式開始前，我們這些戴著黑紗的家屬要站在會場前方「迎接」排隊入場的賓客，實際上恐怕只有一小時，但我覺得那有如好幾天那麼久。

對於害怕社交的我來說，這簡直是最終極的障礙賽。

1
假笑冠軍

感覺每個人都想將他們的哀傷發洩在我身上。

噢，親愛的！

嗚嗚

有人緊緊抓住我的手臂，用有力的眼神看向我，我只覺得我的腦子好像要被燒出一個洞。

請節哀！

謝謝！

我得到來自許多近乎陌生的人給我的擁抱（力度、濕氣、體味各有不同）。

還得到對我外表的尷尬評論。

你真的變好瘦！

但最難承受的問題是：

妳還好嗎？

沒有一種答案聽起來是得體的。

很好，
謝謝

還不錯！

一點都不好，
我糟透了！！！

感覺很不對勁，
太虛假了

聽起來很無情
（反正也一定是
說謊）

這樣講大概會
嚇壞別人

最後我折衷在一種模糊無害的
回應。

謝謝，我還過得去！

搭配這種表情 ←

有些人會發表個人意見，諸如
「整件事背後的意義」、「為什
麼好人都不長命」，或是「上
帝不會賜下我們所不能承受的
試煉」等等。我知道他們都是
好意，但這些只會讓我更加難
過和困惑。

我最喜歡的對話是對方告訴我他們有多喜愛我媽咪，這種的回應起來就很簡單。

終於，拉比決定要結束迎賓的時間，這時候人龍已經排到大廳。

我們坐在其中一張沙發上，彼此環抱、緊靠在一起。

我微微發抖，不曉得是因為剛才太緊張，還是因為我在期待接下來的儀式。我們捏著彼此的手，盡全力將自己沉浸在所有的愛和溫暖當中。

我們一起念誦悼亡的猶太祈禱文，自從我七歲開始上猶太學校，已經念過不下數千遍，但這一次，我成了喪主。

接下來是致悼詞的時間，我現在只記得概要：

比媽媽大五歲的瑪莎阿姨，談到她覺得一切都變了樣。
亞特舅舅則洩露媽媽小時候曾經燒乾一鍋義大利麵水的糗事。
藍娜和潔西卡分別朗誦了一首詩，以及史賓瑟寫的悼詞。
我一邊隨著眾人又笑又嘆氣，一邊努力不要讓喉頭哽住，
直到再也忍不住眼淚潰堤。

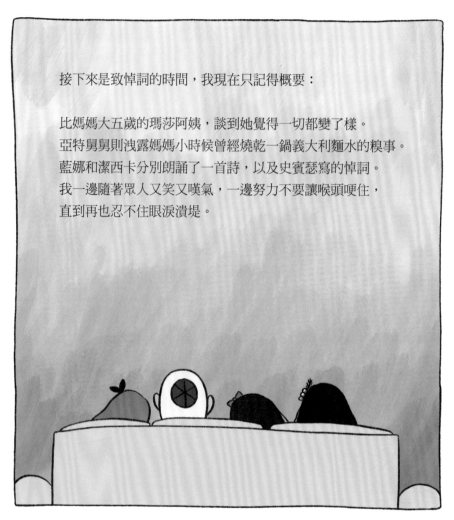

那是我第二次在外人面前哭泣，但這次感覺比較心安理得。

我沒有寫下任何文字，也沒有致詞。

我怎麼有辦法將我對媽媽的感覺濃縮在一篇三分鐘的悼詞裡？！

只能裝5磅重的袋子

5 lb.

↖ 堆積如山的馬鈴薯

此外，就算是一個普通的日子，我也無法在大家面前講話！！

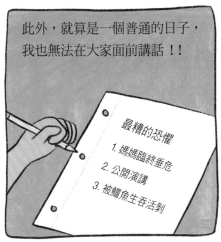

最糟的恐懼
1. 媽媽臨終垂危
2. 公開演講
3. 被鱷魚生吞活剝

（我在學校選課，都是選那種課堂發言不會計分的那種。）

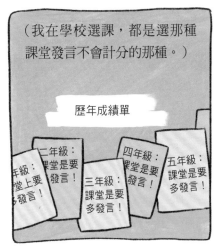

歷年成績單

二年級：課堂上要發言！

一年級：課堂上要多發言！

三年級：課堂是要多發言！

四年級：課堂是要發言！

五年級：課堂要多發言！

要在媽媽葬禮上對著全家人演講，會是比可怕還要更可怕的事。

痛苦的滋味

葡萄乾

我希望媽媽能懂。

別擔心，我也不會在你的葬禮上致詞！

(鬆一口氣)

拉比最後用幾個希伯來禱文和一段簡短的講道來結束儀式。

如果有人說朗妲走得太早太可惜，不如讓我們來看看一小段橫線的意義。

朗妲·霍夫曼·費德爾
1961 - 2009
↑
說的是這段橫線

朗妲一生最精彩的是兩個年份之間的那道橫線。

朗妲的一生或許不長，但有她陪伴我們的日子裡，她建立了美滿家庭，培養了美好的友誼，她的溫暖撫慰了許多靈魂。

她笑過、愛過，她創造過許多事物，此後，將有許多人深深懷念她。

我自認我的成長深受猶太文化影響（現在也還是），但我心靈所信仰的，尤其是關於如何解釋死亡的部分，應該要是什麼才對呢？？？？拉比所說的那段話或許有些泛泛，但也不無道理。

就這樣，葬禮結束了。

我們站起身，膝蓋發出喀啦聲，再次魚貫進入禮車，跟著出殯車隊前往墓園。

那感覺好像打扮光鮮亮麗的名人在眾目睽睽下匆忙鑽入豪華禮車，只不過這是噩夢版的。

貫德爾小姐，儀式中最令妳悲傷的是什麼部分？

車門一關上，我們全都鬆了一口氣，車內聞起來有濃濃的芳香劑和面紙灰塵的味道。

天啊，累死人了

說的沒錯。

前往墓園的車程很短（Google地圖顯示是11分鐘），但還是足以讓我斷定，我的淚水已經流乾。

當然，我還是很悲傷，但我已經沒那麼傷心欲絕了（至少，在那個時刻是這樣）。

禮車停在我們家族墓地旁邊，我們小心踏上草地不要弄髒鞋子。外面很冷，霧氣迷濛，就像墓園該有的樣子。

我來過這個墓園幾次，每一次都驚豔於這裡是多麼美麗。躺在綠草上的墓石洗刷得亮晶晶，這裡像個公園，而不是陰森的墓地。

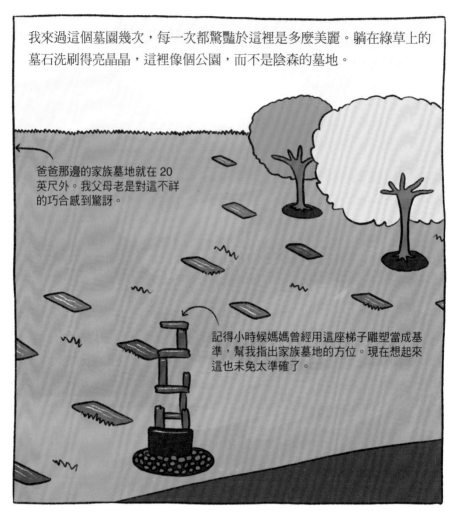

爸爸那邊的家族墓地就在 20 英尺外。我父母老是對這不祥的巧合感到驚訝。

記得小時候媽媽曾經用這座梯子雕塑當成基準，幫我指出家族墓地的方位。現在想起來這也未免太準確了。

墓地已經準備好了。

帳棚和椅子

架在升降台上的棺木

巨大的土堆

6 英尺 * 深的墓穴

* 根據西方習俗，棺木要埋在 6 英尺深以下。

史賓瑟坐我旁邊，我們開起玩笑，討論起那是什麼土。

我敢說那一定是腐植土*。

「ㄈㄨˇㄓˊ土」

*高中時我上過一門土壤學的課，學到土壤的主要成分是砂土、壤土、黏土，這三種成分的完美組合就是腐植土，妹妹們和我則因為「腐植土是最完美的土」而大笑好久（現在用文字解釋起來不覺得，但請相信我，真的很好笑）。

總而言之，儀式很短，幾乎都是希伯來文的祈禱。然後，我們靜穆地坐著，看著那個巨大的升降台發出噪音，緩緩將棺木降入地底。

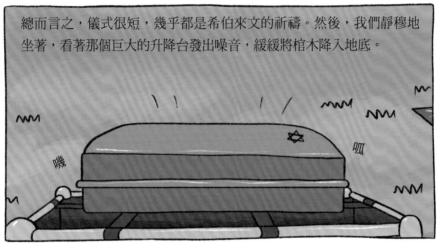

那時，我感覺我好像靈魂出竅，拒絕相信眼前的事物，眼前一切有如電影畫面，我感受不到任何此種場合該有的情緒。

現在是在幹麼？

所有人輪流鏟起一杯（腐植？）土，倒入墓穴中。

地底的棺木看起來像個跟媽媽無關的東西，這不過是樁體力活。

輪到我了，我掄起鏟子（比想像中還重），插進土堆中。

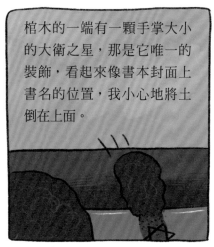

棺木的一端有一顆手掌大小的大衛之星，那是它唯一的裝飾，看起來像書本封面上書名的位置，我小心地將土倒在上面。

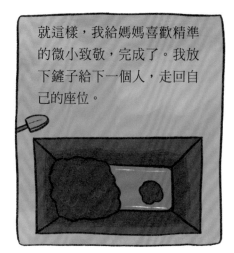

就這樣，我給媽媽喜歡精準的微小致敬，完成了。我放下鏟子給下一個人，走回自己的座位。

等所有人都完成了這個儀式，就由兩個舅舅完成剩下的工作。

一個陰森的春日裡，兩個穿著深色西裝的男人在幾近空蕩的墓園裡勞動，看起來適情適景。

這一幕有種莫名的美感，詭異、哀傷，像幅奇異的電影畫面。

墓穴填好之後，拉比向大家宣布守喪儀式的詳情，葬禮就結束了。

朗妲的守喪儀式會在她姊姊家舉行，今晚的時間到八點。

謝謝大家來紀念她。

真的結束了。

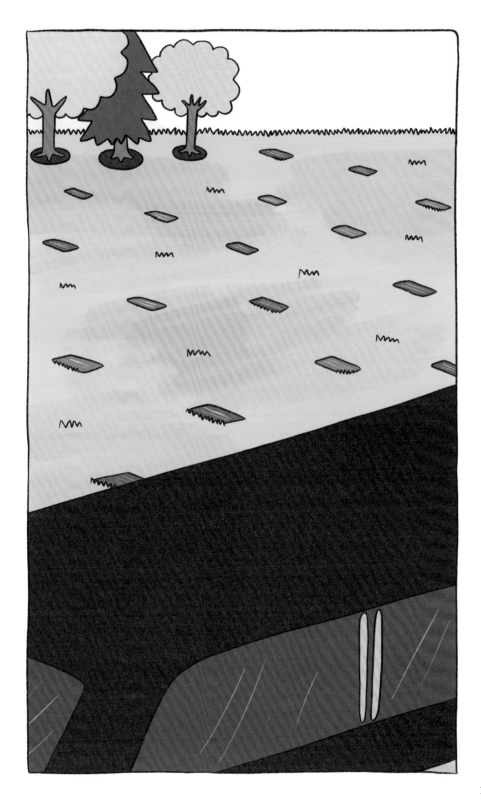

109

面對悲傷的家屬
👍 要 ☺ 與 ☹ 不要 👎

- 問些關於逝者的問題，他們或許很想談談他們所愛的逝者！

- 如果家屬有辦法談笑，不妨也擺出笑容！

- 跟對方說說逝者的趣聞軼事（要開心的故事喔）！

- 等到喧擾漸漸沉澱下來後，持續關心對方幾個月

- 記下重要的生日或忌日，日後等週年紀念日到的時候給對方提供關心

- 表示你的感同身受，「我無法想像你會有多難過」比強顏歡笑好太多了！

- 最好要帶餅乾來！☺

- 不要以為你能體會對方的悲傷

- 不要滔滔不絕地講你自己的經驗

- 不要試圖用你自己的宗教去安慰對方

- 除非「極其相似」，不要拿你的經驗跟對方類比

- 不要自以為你能讓對方走出傷痛

- 不要葬禮結束一星期後就不再理會

- 不要假裝逝者未曾存在過！

- 不要問對方你能幫忙做什麼（幫就對了）（不要讓他們很難過的時候還要指揮其他人）！

chapter seven

第七章 死亡馬戲團（下）

葬禮結束後，我們回到家裡進行守喪。

有趣小常識

✡ *SHIVAS ✡

* 猶太守喪儀式

「Shiva」是傳統的猶太守喪儀式，期間共七天，親友們聚集在一起悼念逝者，講講他們的小故事。

「Shiva」在希伯來文裡就是「七」的意思

שִׁבְעָה
SHIV-uh

基本上就是有一個星期的時間，家屬會開放家裡，悼念的人前來一起吃東西、懷念逝者。葬禮一結束就進入守喪，每天從早到傍晚。

就跟babysitting（照顧小孩）一樣

VERB 守喪

Shiva 的英文動詞搭配：

"sitting shiva"

家裡的鏡子都要遮住，這樣的話，像是倒影之類的小東西才不會使人分心。

有些人會整整一星期不刮鬍或不化妝（我還是有就是了）。

哀悼期間的鬍子

哀悼者要每天配戴黑紗，但他們不需要穿全身黑衣。

每天大家會聚在一起幾次，用希伯來文的禱詞禱告。

יִתְגַּדַּל
וְיִתְקַדַּשׁ
שְׁמֵהּ רַבָּא

守喪期間家屬不大會離開家。

還會有很多、很多食物。

我很愛吃，但我是那種極度悲傷時會完全失去胃口的人。媽媽剛診斷出罹癌時，我連聽到蘇打餅乾都想吐。

所以，進入守喪期間，我感覺到燻鮭魚貝果在召喚我，我就放心了。

整個家瀰漫著美味又熟悉的猶太美食味道。

醃黃瓜

煙燻魚乾

ENTENMANN'S

丹麥可頌

我甩掉鞋子，迂迴穿過人群，走向食物桌，

任憑直覺引領，為自己夾了一盤我最喜歡的撫慰食物。

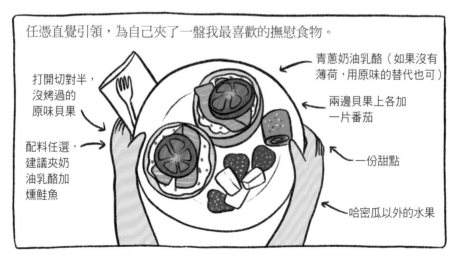

打開切對半，沒烤過的原味貝果

配料任選，建議夾奶油乳酪加燻鮭魚

青蔥奶油乳酪（如果沒有薄荷，用原味的替代也可）

兩邊貝果上各加一片番茄

一份甜點

哈密瓜以外的水果

飽餐一頓，我抓條餐巾，找到個沙發空位倒下來。

呼～！

脫掉鞋，又穿著褲襪，使我想起小時候去參加節慶完回到家後，又想睡又安心的感覺。

該換睡衣了喔！

爸爸會講睡前故事給你聽！

呼！

有那麼一瞬間，我感到平靜，甚至滿足。死亡最讓人不自在的部分已經結束，葬禮上的哀悼表演也已經落幕！

呀。

我現在只需要跟家人聚在一起，大啖撫慰美食，盡情哀傷就好了，簡單！

在那忙亂的七天裡，家裡毫不間斷地充斥著大量食物，非常撫慰人心。食物多到我們得用車庫 * 暫時存放食物。

* 因為車庫通常不會裝暖氣，加上伊利諾州天氣寒冷，所以車庫可以存放物。

每天都有人從媽媽喜歡的店裡訂來食物，吃著媽媽喜歡的點心使我悲喜交織。溫暖的回憶湧上心頭，卻不能和她一起分享。

雖然布朗尼或廣式撈麵的好滋味一如以往，但我的情緒卻難以預測。在我開始覺得沒事的時候，我又會墜入悲傷的低谷。

守喪週剛開始的時候，我得要避開所有有媽媽的照片（但到處都是）。

收好以後再跟我說！

那張微笑的臉，
我再也無法看見……

那雙溫柔的手，
我再也無法緊握……

簡直是「折磨」。

只是不小心瞥到一眼，喉頭又會開始哽住。

我到樓上一下！

TISSUES
COSTCO

COSTCO 面紙

但人類生來就懂得適應。

沒多久，我們就建立了新的生活日常。生活開始回到「常軌」。

大人圍坐在沙發或桌邊。

我們姐妹則和眾表親坐在地上。

我們會聊點媽媽的事，但多半都在聊別的。

我們玩紙牌，用某人的筆電畫家族樹，玩無數心理測驗，毫無止境地討論測驗結果。

119

有時候我會揭開蓋著鏡子的布，檢查我的妝容

雖然規定不能化妝，但我知道媽媽一定會准許。

老天！

你該剃一下人中的汗毛囉！

每天的日子開始重疊。

整座房子好似弔唁工廠。

我很好，你們呢？

很好。

幾個大學朋友來看我，還很好心地在我表現一切正常時開我玩笑。

我很喜歡的中學家政老師和音樂老師一起來探望我！

爸爸的一個朋友，在一陣長得難以忍受的沉默後，終於脫口說出：「哇……我不敢相信朗妲真的走了。」

（我心裡則是 OS：「我也是啊，菲爾叔叔！」）

我從「消息來源」得知，外婆的
某個表姊妹曾經想要撮合我和她
的孫子（這人也是我的表親）。

她說她對妳
「印象很好」。

什麼？！

妳能看到
她走了嗎？

有個以前的鄰居來訪，
她剛好是我高中暗戀男
生的母親，我一直跟年
幼的表弟妹躲在樓上直
到她離開。

我最喜歡的時刻是跟媽媽童年時
期的摯友聊天。她大方地說了媽
媽許多我沒聽過的事。許多來弔
唁的人都只認識媽媽一段時間，
因此，能夠從媽媽的至交處聽到
那麼多故事真是最棒不過了。

妳曉得有個夏天
我們一起上有氧
運動的課嗎？

守喪期快結束的某天晚上,我和其他小孩一起溜出去打保齡球。我們已經窩在屋裡快一個星期,大家都想逃離家裡千篇一律的氣氛(順便透透氣)。

但當我一下車,踏出守喪期構築起來的保護殼,家裡與外界的巨大差異立刻撲天蓋地而來。

外面的世界好明亮、好熱鬧、好快樂,
殺得我措手不及。

我用挑選保齡球努力抵擋想躲回家的感覺。

我跟大夥兒一起歡呼、說笑，但每一抹笑容，都要費了力才擠得出來。

小時候，媽媽和跟其他家的媽媽組了保齡球隊。她趁我們上學時練習的地方，正是這家保齡球館。

那只占她生活一小部分，對我們而言更加微不足道。即便如此，這抹回憶仍讓我心好痛。我第一次真切感受到，她的離開給我的生活每一層面都籠上了陰影，就連微末小事也逃不過。

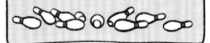

我的生活好似一杯水，她則是一滴染色劑。

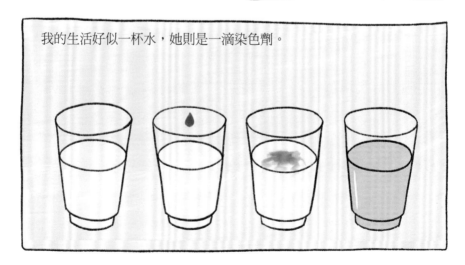

我的心情彷彿正經歷一場偏頭痛（我曉得我不孤單），但我仍步履蹣跚地與家人相互扶持走下去，我們全都拚了命抓住哪怕一丁點微小的喜悅。

由於媽媽過世，寇蒂的十八歲生日根本沒好好過，因此我們想：「要補辦一場生日驚喜派對，有什麼比在守喪期間辦更合適的？」

我們趁她睡覺時準備一切。

史賓瑟甚至轉移她近來對翻糖的沉迷，做出一個色彩繽紛的多層蛋糕。

「生日快樂？」
神經大條的史賓瑟式
深夜幽默，苦澀極了。

在氣球和蛋糕的陪襯下，這場生日派對好似延長了守喪期的安可曲，但能夠慶祝些什麼的感覺實在很棒。為了留下紀念，我們拍了一堆歡樂無比的照片。

問：請問哪個女孩的母親剛過世？
答：三個都是！

迪士尼公主風派對帽

大家都笑容滿面

尤其是這張大合照，簡直可以拿出去展覽了，根本是一幅關於死亡的超現實畫面（或者你要說這是拒絕接受也可以）。

寇蒂的小小派對為守喪週畫下美好句點。

隔天大清早，所有人昏昏沉沉地來到正門口，為了進行結束守喪的儀式——在家附近的街區繞行一圈，這是要讓我們再次熟悉外界世界。

大家多半在睡衣外加件外套就來了。

準備好了？

天色灰濛濛，下著微雨，街上空無一人。外頭的道路蜿蜒，並不是個「四方」街區，但我們仍舊完成了任務。

眾人緩慢穿過社區，面頰微紅，身上的外套都沾上了鹽分。不知怎的，我想這時若能搭配一段鋼琴的配樂，應該會非常適合。

不知是否是因為清晨的冷冽空氣，抑或是這一幕的戲劇性，
但我敢說我在蛻變。

* 變身

「上帝給我們的試煉不會超過我們能承受的」	「我媽媽曾經誤以為她得了癌症」	「好人都不長命」	「她現在已不會再受苦了」	[改變話題]
「我今天晚上回去要抱抱我媽媽」	緊緊擁抱（舒服的）	「我了解你的感受，因為我父母離婚了」	[變得溫柔和善最多一個星期，然後表現得似乎什麼也沒發生過]	用「至少……」開頭的任何回應
「上帝是在召喚祂的天使」	[開始滔滔不絕地講述他們自己的悲傷故事]	自由填空「節哀、保重」	（突然變得很嚴肅）	「我能體會你的感受，因為我的狗死了」
「我會為你禱告」	「請你們家人要保重」	[嘎然而止]	「她去到了更好的地方」	「很遺憾你失去了母親」
憐憫的表情	「我能體會你的感受，我媽媽也很早就過世了，死時86歲」	緊緊擁抱（不舒服的）	「她怎麼過世的？」	「願她的回憶成為你的祝福」

chapter eight

Roses are
red,
violets are
blue,
my mom is dead
what will I do?
ughhhhh

第八章 新常態

守喪結束後，我們在瑪莎阿姨家住到我回學校為止。新學期已經開始一個星期了。

我嘗試了兩次才成功返校。

第一次，爸爸開車載我去學校上課。

但我就是無法下車。

我一直哭，我們在停車場待了一個半小時。

PARKES HALL

最後只好掉頭直接返回瑪莎阿姨家，我覺得我糟透了。

我是怎麼回事？

我好希望我可以抖掉身上的悲傷，一躍回到過去的生活，但我不知該怎麼做。

呃呃呃

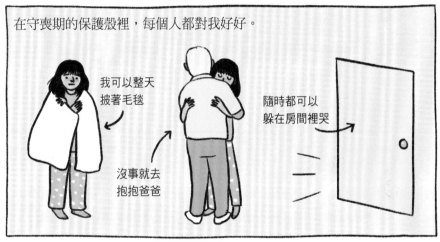

在守喪期的保護殼裡，每個人都對我好好。

我可以整天披著毛毯

沒事就去抱抱爸爸

隨時都可以躲在房間裡哭

但在外頭的世界，沒人知道我的事，一切都好冰冷。

別人的媽媽走過人行道，盡情地與他們的孩子咯咯傻笑，渾然不覺旁邊有人剛失去至親！多麼**無禮**的行徑！

再也不能跟自己媽媽參加的遊行

每一陣聲音，每一絲感受，似乎都放大了數百萬倍。

要是有店員太粗魯或音樂太大聲，我就會想念媽咪，但因為媽咪已經走了，所以感覺很痛。我需要一副墨鏡和毛毯，任何能隔絕一切的東西。

過了幾天，我再次鼓起勇氣。

你辦得到的。

我穿上一雙舊的 Converse 黑色球鞋，小時候媽媽就常穿這種鞋，我在鞋跟寫上「媽媽請安息」。

一種祈求好運的護身符

校園裡新蓋好一座科學大樓，我溜進龐大演講廳的後排，上我的社會學。

教授要我們每個人在紙卡上寫下關於自己的一些事。

> 不然我要怎麼認識將近兩百位的你們呢？

助教發下紙卡。

頭幾行很簡單，都是關於我是誰的核心事實，想都不用想。

泰勒・費德爾

1. 我有兩個妹妹。
2. 我喜歡畫畫和寫東西。
3. 我是左撇子。
4. 我喜歡貓。
5. 我是猶太人。
6. 我主修

助教要收回卡片了，我快速寫下最後一項事實。

這堂課的人數眾多，我也絕對不是會舉手發言的人，所以我從來沒有直接和教授互動過（不管是關於那張卡片或其他）。但沒有關係，寫下來，它就變成真實。

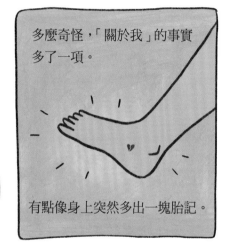

多麼奇怪，「關於我」的事實多了一項。

有點像身上突然多出一塊胎記。

回到宿舍感覺很尷尬，我母親過世的事實飄浮在空氣中，沒人敢碰觸。

---

* 英語有句俗語說「房間裡的大象」，是說房間裡突然出現一隻大象，很奇怪卻沒人敢說出口，這句話用來比喻某件眾人心知肚明，卻視而不見、故意忽略的事情。這裡是說，作者喪母一事好似房間裡的大象，大家都知道卻都不敢提起。

我的宿舍房間看起來跟我離開那天一模一樣，只除了比我想像中的更使我心煩。

我把這首詩貼在牆上時我還有媽媽

我寫這本作業時，我還有媽媽

我鋪好這張床時我還有媽媽

媽媽幫我挑的地毯

媽媽教我折的衣服

一切都沒變，但我變了。過去媽媽還在世時的泰勒，現在像個陌生人。我的痛可以打造成一張霓虹燈標語，讓我填補中間的斷層。

my mom just died, so give me a second, 'k??

* 我媽媽剛過世，所以，給我一點時間好嗎？

137

我在學校的生活漸漸步上正軌，對媽媽的想念卻沒有半點消退。

我最後還是鼓起勇氣去上了新詩課。

新詩寫作
（寫一首關於死去母親的煽情詩）

教授鼓勵大家寫日記，我就把心中所有傷痛全都傾倒出來。所幸教授很能體諒，她沒有因為我把每次作業都弄得無比哀傷和私密而有一絲批評。

傷心

我還運用我的特殊狀況，跟我最喜愛的劇本老師約到一星期一次的個別指導課（她的課已額滿）。

拜託，請指導我。

*其實是因為爸爸打了通電話請院長幫忙

媽媽還臥病在床的時候，她就說過我們可以盡量用她生病當藉口，所以我猜她在天上幫了我一把。

別客氣！！

我們上課其實就是在修我的初始腳本，但我卻覺得這堂課好能療癒我的創傷。

> 嗯！

老師也是年紀輕輕就失去父母，所以她能體會我的情況。就算我們在講別的事，我們之間仍舊洋溢著一種無需言喻的理解之情，使我深得安慰。

> 我懂。

眼前這位成年女性，曾有過與我類似的傷痛，但現在的她能成功、自信地工作、生活，建立家庭，她讓我看到希望。

> 我們來修劇情的副線。

> 小孩簡直要把我逼瘋！

現實情景

> 沒關係，你可以笑出來

> 你一定會沒事的！

我聽到的

回到宿舍，還有好友們用充沛的愛支持我，我則需要花點時間吸收。

她們把媽媽的照片放進相框送我

超會擁抱人

不止一次送我美味的莫札瑞拉起司條（！！！）

總讓我捧腹大笑

妙趣橫生的笑話專家

我二十歲生日就在母親過世後不到一個月，我們擠進兩輛車，冒雨（我生日時總是下雨）開去保齡球館（不是媽媽打保齡球的那一家）。

我們點了我最愛的
夏威夷披薩

回去之後，他們端出一盒
用預拌粉烤的蛋糕，上面
撒滿七彩糖球。

噢，謝謝
你們。

都是我喜愛的事物，好棒的生日！

但是

沒有媽媽打來的電話。

小喬，妳知道是妳讓我成為媽媽。

那一定很辛苦！

沒有「生日福袋」，裡面都是她想到我而買的怪異小東西。

生日快樂，小喬！

CAP'N CRUNCH

沒有寫著她端麗字跡的卡片。

happy birthday daughter!

親愛的女兒生日快樂！
堅持夢想，我們愛妳！
愛妳的爸爸媽媽
xoxoxo

沒辦法再聽她講我出生那天的故事。

我堅持要刮亮腿毛才去醫院，因為妳一生出來第一個碰到的會是我的腿嘛，想說不要刺到妳！然後呢？

我要怎麼樣才能習慣這些？？

家裡每個人面對媽媽不在了的方式各不相同。爸爸變得超有效率，而且「超級」過度保護。

他現在熱衷於洗衣服，

努力追蹤親朋好友的生日和週年紀念日（以前都是媽媽在做），

而且變得非常掛心我們的行蹤。

再不洗就來不及了！

莎拉的「莎」是草字頭的「莎」？

到了就打給我！

史賓瑟在我們家附近慢跑（這裡是非常寧靜的社區），爸爸都堅持要開車跟著她。

親愛的，還好嗎？

呃！

他已失去生命中的摯愛，他不想再冒險失去他的**寶貝女兒**！

我只希望你們都平平安安的！！

寇蒂是從她眾多親密好友那兒尋求支持。

史賓瑟則把自己關在房間裡，練習彈她的新吉他，寫關於失去的歌。

守喪結束後，我們從
佛羅里達機場
回家的路上，
爸爸買給她的吉他。

她把吉他
取名為「露西」

至於我，則在接下來好幾年間把自己一頭栽進濃濃的思念中，緊緊抓住每一樣有她回憶的物品，包括那些只沾上一點邊的東西。

她那些柔軟T恤
（意思就是全部）

媽隨手寫下的購物清單

每一支她用來寫硬筆字的筆，包括那些墨水乾掉的

所有畢業紀念冊

數不清的照片

沒錯，這些我全都要！

敢再問就試試看！

媽錢包裡搜出的零錢

上面有媽筆跡的舊支票簿

我辛苦地把她的美術用品櫃整理好，當成神殿一樣。

二十二歲時，我剪了跟媽一樣的髮型，外婆第一次看到時嚇了一大跳。

剛剪完很可愛，留長時變得很可怕！

有很長一段時間，我拒絕任何人清掉她的衣櫥，因為是「她」把這些衣服吊在那兒的。當我們最後還是清掉衣櫥時，我哭得像是她又死了一次。

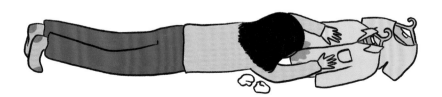

我們笨拙地摸索著適應這個新的四口之家，我們經常爭吵……

不是說媽死了她就什麼都是完美的！

經常擁抱……

媽咪會以妳們為榮。

經常做「重大討論」。

你不應該一直悲傷下去。

但我有點想這樣呢？

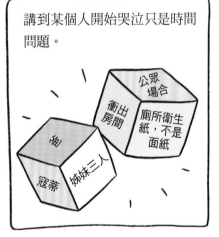

講到某個人開始哭泣只是時間問題。

公眾場合

衝出房間

廁所衛生紙，不是面紙

跑

寇蒂

姊妹三人

有時候，乾脆避免讓我們想起媽，事情會簡單一些。

PURR PURR 咕咕

媽離開後的第一個感恩節，我們取消去芝加哥跟家族一起過節的
計畫，改成在奧蘭多的一家大飯店吃感恩節自助晚餐。

媽不在了，我們剛好擠進四人卡座。
我們吃了壽司和小水果塔，周遭都是
戴著米老鼠耳朵的遊客＊。

＊最大的迪士尼主題樂園
　就位於佛羅里達的奧蘭多。

我心裡猜想這裡有多少人是想
要逃離他們的傷心事？

正在辦離婚

無法
適應
空巢期

找不到人
一起過節

氣氛有點陰鬱，但總好過看到
感恩節餐桌上她留下的空位。

史提夫　　朗妲　　瑪莎

146

大部分節日都因她的離世變得不再一樣，而我們也多出了好多新的「節日」要過。

媽媽的生日，我們喜歡找家小餐館，點份萊姆派一起分享。

媽應該不會喜歡這一款。

嗯

沒錯，起司味太濃。

她忌日這一天，我們會聚在一起吃早餐，交換彼此的回憶。

還記得她會重複講不好笑的笑話，越來越大聲，直到有人笑出來為止嗎？

沒錯，你確實會這樣。

想像她在天上看著我們長大，心裡仍惦記著她，感覺暖暖的。

看她們的眉毛越修越好了！

史黛拉餐館
STELLA'S DINER

哈 哈 哈

母親過世後，我們回到佛羅里達的頭幾天，曾談起這一切終有一日都將變成「常態」的奇異感。等到好幾個月、好幾年過去了，越來越清楚：這已成了

新 常態™

嘿，這不就是本章的篇名嗎？

註冊商標，才怪

新常態其實跟舊的差不了多少，只不過一切都染上一層祕密的悲傷。

有時候這股悲傷是靜默的，在理應是快樂的場合中悄聲提醒我：

媽媽已經不在了。

有時候，這股悲傷是讓人痛徹心肺、嚎啕大哭的。

有時候它是尷尬，

好久沒看到你媽了，她還好嗎？

是打擊，

你父母是做什麼的？

是憤怒。

DON'T FORGET*
MOM
THIS MOTHER'S DAY
TAKE HER TO IHOP

*別忘了，母親節帶媽媽到餐廳吃飯

多數時候，這股悲傷就待在我心頭一隅，靜靜不動。

如何撫平悲傷？
老掉牙但真的有效的方法
（對我來說啦）

瀏覽舊照片

重複播放悲傷的歌

把逝者的香水或古龍水
噴在他們的衣服上，
抱緊處理

努力照鏡子，在自己的
倒影中辨認出他們的
面容

誇張式慢跑
（披頭散髮以求
最大效果）

烹煮他們以前
常做的料理

跟能了解的好友一起笑

用藝術抒發悲傷

妳離開了之後

狠狠哭一場
（祕訣請見第39頁）

VARSITY *grief* *squad*

*大學體育悲傷小隊

MOTHERLESS SINCE '09

*沒有母親自2009

STILL ALIVE

*我還好好的

DEAD MOMS CLUB ♥ VIP MEMBER

* 喪母俱樂部
VIP 社員

SOMEONE WHO LOVES ME VERY MUCH IS DEAD

* 深愛我的某個人
過世了

Ask me about my dead mom!

*我想跟你說說我媽媽！

My mom died and all I got was this lousy T-shirt!

* 我母親過世
我卻拿到這件爛 T 恤！

MY OTHER SHIRT IS ALL STAINED FROM CRYING INTO IT

* 我穿這件因為其他衣服
都被我哭花了

I ♥ my dead mom

* 我愛我（天上的）媽媽

MOM

* 媽咪

I CAN'T KEEP CALM BECAUSE MY MOM IS DEAD

*別要我冷靜
我媽過世了

WHO HAS TWO THUMBS AND IS HEALING VERY VERY SLOWLY? THIS GAL.

* 是誰無法平復悲傷？
就是我！

chapter nine

第九章 好的、 不好的，和那些尷尬的
（老實說的話，不好的居多）

寫作這本書時，距離媽媽過世已經整整十年了。

（我有個小表弟那時出生，現在都在學代數了！）

*Yikes: 糟透了

那表示我努力對抗悲傷已經有十年。

在這場與悲傷角力的競賽裡，就算我沒拿到黑帶，也應該有紫帶吧？

噢！

只是有時我仍覺得媽媽過世好像是昨天的事⋯⋯

他們要重拍《歡樂滿人間》了吧，我得告訴媽！～

錐心之痛已經淡去，大部分時候，我就是個母親碰巧過世的普通人。

看我的！

在玩《糖果傳奇》或別的遊戲

但，還是有些事情會把我絆倒。

可惡。

*腐爛

我是個著迷科學的人。

這是生命的循環。♫

可是，我的大腦仍有很大一部分，擁有我媽媽只是去了很遠很遠地方的錯覺。

待會見！

那有點像家裡金魚死掉時父母騙小孩說的謊（可其實金魚已經被沖到馬桶裡），但我竟然這樣告訴我自己。

媽媽只是去找朋友打個麻將！

我知道媽媽「走了」，但那比較像是電玩遊戲裡怪獸被打敗時會消失，但投幾個硬幣又會再回來的那種「走了」。

POOF*

就好比，我只要離開醫院病房，她的身體就不存在我眼前。

* 這是東西憑空消失的聲音

我那美麗、香香、整潔的媽媽會變成一具腐爛、發臭、化膿的**屍體**，
這樣的畫面我不能接受！

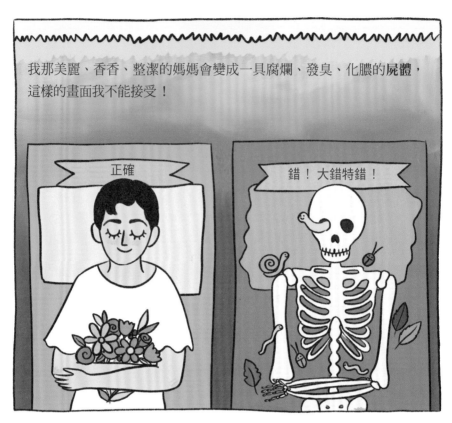

把這些我不喜歡的念頭一起堆到腦中的
地下室鎖起來，簡單多了。

但，比起會有蟲子在媽媽屍體上蠕動這種事，更加使我內心不安的是罪惡感。

我的罪惡感好深，表現在好多不同的事情上。

我對於媽媽已經離開十年，我也已經是個成年人了，但我還那麼難過感到很內疚。

我想要媽咪！！

我是不是太不成熟了？

在我很開心的時刻，心裡總有一絲把她拋在腦後的罪惡感。

還有一種罪惡感，就是我是三姊妹裡的老大，我與媽媽相處的時間比兩個妹妹都長。

我覺得我好像霸占了媽媽。

我比寇蒂或史賓瑟擁有更多關於媽媽的回憶。

她能看到我
高中畢業，

她能送我去
大學念書。

我妹妹們卻被剝奪了
這些，不公平！

每次我只要提到15歲以後跟媽媽
一起做的某件事情，就有一股不
該自吹自擂的自責感油然而生。

請不要那麼
沒神經好嗎？

兩個妹妹堅持她們並沒有生氣，
但怎麼可能不？

我自己曉得，有時候聽到年紀較長的親戚講到他們跟媽媽相處的事情，
我會很不高興。因此，妹妹們若對我有同樣的感覺，也是很合理的。

很抱歉我跟媽媽
相處的時間最久，你
們理應要跟她在
一起久一點！

妳到底要不要
跟我們一起去
星巴克？

我想我欠她們一生的道歉。

除卻這些，媽媽生這個病有多麼惹惱我也使我深感內疚。她開始做化療後就常需要躺在床上，每次她呼喚我拿杯水，我都不禁發出一聲抱怨。

小喬？

來了啦！

我不喜歡照顧她——雖說她是媽媽，我不喜歡看到她那麼虛弱的樣子。我很想念她跟我說一切都會沒事的時候。有時我甚至躲著不進她房間，就算，我心底知道以後有天我一定會痛罵我自己（我又說對了）。

親愛的，謝謝你。

沒什麼！

這份罪惡感的源頭甚至可以追溯到她確診癌症之前！我都不敢回想，每次她因為「不舒服」而不得不取消某些計畫時，我有多麼惱火。

沒關係啦。

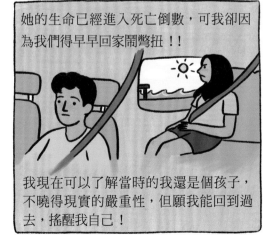

她的生命已經進入死亡倒數，可我卻因為我們得早早回家鬧彆扭！！

我現在可以了解當時的我還是個孩子，不曉得現實的嚴重性，但願我能回到過去，搖醒我自己！

每次我去百貨還是哪裡，只要看到做這種噩夢打扮的女性：

不是因為宗教或時尚戴這種頭巾

沒有眉毛

眼袋浮腫

每一次，我都覺得膝蓋後面被一顆棒球重擊。

不！
不！
不！
不！

光是「化療」兩字就讓我想吐。

媽媽罹癌前，聽到社會上關於癌症的討論，於我而言不過是種背景音樂，某種我不需要也不想要的商品廣告，我從未真正留心。

癌症

黑巧克力 / 久坐 / 快樂會導致癌症？

參加 5 公里義走 / 蛋糕義賣 / 轉寄這封郵件協助癌症研究

每個女性都可能罹癌。

TED Talk 不可思議的抗癌成功故事！！

去做 HPV 篩檢，否則你會得癌症！*

那吃黑巧克力可以預防癌症嗎？

SAVE SECOND BASE

*HPV是人類乳突病毒，子宮頸癌主要的致病原因。

媽媽罹癌後，癌症充斥了我的生活。

Cancer: 癌症

感覺就像同時被數千隻蚊子咬，又刺又痛！

令人恐懼的癌症公益廣告一直叫人要「做篩檢」，害我心裡蒙上陰影。

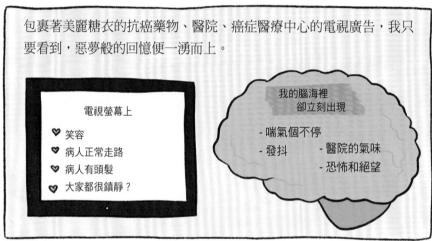

包裹著美麗糖衣的抗癌藥物、醫院、癌症醫療中心的電視廣告，我只要看到，惡夢般的回憶便一湧而上。

即便我知道廣告裡都是演員，我卻禁不住為他們和他們的家人哀悼。

我很討厭別人用自以為是的態度談論癌症。

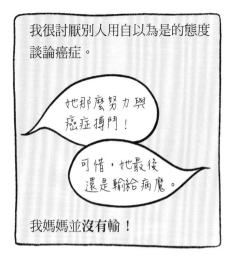

她那麼努力與癌症搏鬥！

可惜，她最後還是輸給病魔。

我媽媽並**沒有輸**！

如果有人被一輛巴士撞，那並不是「輸」掉一場搏鬥！！

哈哈我贏了！！！

那些玩笑式的周邊商品使我想尖叫！

SAVE THE TATAS*

*救救長輩

我願意收看有幾萬倍吵鬧的汽車廣告，來交換從癌症宇宙中脫身。

這才是生活。

我知道，我都知道，這些其實是用心良苦。癌症的實情是如此恐怖和痛苦，以至於必須要用矯情的童話式語言妝點，才比較容易讓人吞下去。

你辦得到！

CANCER

但對我來說，仍舊感覺很像是嘲弄。

就連癌症存活者鼓舞人心的抗癌故事都會惹到我。

這種故事很容易散發一種「只要夠努力和堅持，任何人都能打敗癌症」的氣氛，然而事實上，運氣扮演了很重要的因素。

我的媽媽也很堅強和勇敢，但她不幸沒能活下來！

她沒能夠穿上彩衣走在遊行的隊伍中，也不能上台演講她的抗癌「歷程」。她的狀況只是越變越糟，直到器官衰竭。

朗姐·費德爾
1961-2009

我曉得我這些話聽起來像個冷酷尖酸的混帳，在給那些成功對抗這個恐怖疾病的人們加倒油。

對不起！！

我不是在詛咒別人死！！我只是……不想聽到別人活下來，我自己的母親卻沒有。

癌症第三期

「活命的第二次機會」

地方婦女用精油抗癌

「她曾以為無望直到遇見奇蹟醫生」

更別說，你可以想像我聽到別人抱怨他們健康活著的媽媽的！*

太瞎了，你媽用錯表情符號了啦！

我今晚要做🍆！
好吃喔
🐷🐷🐷🐷

你媽搞不清楚是哪一個男演員？

告訴我比較帥的是哪一個？

She CALLS TOO OFTEN ?!?!?

*她沒事一直打電話？！？！？

我希望我可以站在山頂上大喊：

啊～～你們都不知道你們有多幸運！

*請別誤會，我是說別抱怨那些小事。如果你母親很頑固或很惡劣會罵人，請盡量抱怨吧！

163

已經確定我母親是救不活的時候，我心裡只剩下負面的情緒：

悲傷！　生氣！　痛苦！

尷尬的是偶爾出現的意料之外。

大家好，我完全沒事喔！

……

Huge Bummer: 掃興的傢伙

每次我新認識某個人，我總是很在意我母親過世的話題是否／如何／何時會浮現。

他們會不會發現我提起媽媽都是用過去式？

他們會不會想要安慰我？我得說什麼？還是我得要安慰他們？

如果我隨口提起媽媽已經走了，會不會害我們的對話突兀終結？

要是有個小孩問起我媽咪怎麼辦？我要說謊嗎？

特別是母親節，我這許多思緒的方塊簡直可以堆成一隻變形金剛般的可怕大怪獸。

吼～

突兀的問題

覺得好像局外人

我以後會生小孩嗎？

煽情廣告到處都是

收到令人厭煩的促銷電郵，催我打電話給媽媽

我還真希望如此

快樂的女兒在畫廊裡，自顧自不理會

家族活動中倍感寂寞

164

還好，有個祕密，
媽媽過世後
我才發現。

那就是，母親在你還小時過世，
能立即讓你跟處境相同的人一拍
即合。

你也是！

DEAD MOM

DEAD MOM

跟我隸屬的其他特徵群體相比，父母有人過世（尤其是媽媽）（尤其是死於癌症）的人特別能讓我產生親切感。

OLDEST SIBLINGS
家中長子／女

ARTISTS
藝術家

SECULAR-ISH JEWS
世俗化的猶太人

INFJs
作家型人格

DEAD MOM
喪母

LATE BLOOMERS
大器晚成型的人

接受心理諮商的人
PEOPLE IN THERAPY

FEMINISTS
支持女性主義

LEFTIES
左撇子

如果某個我之前完全不了解的人說
出他的雙親中有人過世，我立刻就
會覺得對方親近。
如果對方還是個我敬佩的人，則我
的敬意會爆發成好幾萬倍。
我通常是個慢熱的人，但是「喪
母」這個點則能讓我立刻跨越人際
關係的藩籬！

藉由亮出「喪母」這張牌，
我已經跟我的教授、高中舊
識，還有許多網路上的陌生
人快速建立起交情。

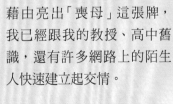

呃
UGH

WHY
原因

喪母一族能享受不少好處

有時可巧妙運用我們的處境。
（我沒有真的這樣做過）

這是我們廿年前過世的媽媽最喜歡她派。

本店請客！

由於我們曾看過更嚴重的事，這能幫助我們平靜看待小小的不便（有時候啦）。

班機延遲，我正好可以收聽 podcast 節目。

我們擁有最高段的同理技巧，因為我們曾經從他人那裡得到最溫暖的撫慰。

我好悲傷。

快來，我先熱一點馬鈴薯泥。我們來好好聊聊然後看 Netflix 上的單人喜劇。

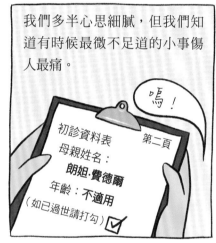

我們多半心思細膩，但我們知道有時候最微不足道的小事傷人最痛。

嗚！

初診資料表　第二頁

母親姓名：
朗妲·費德爾

年齡：不適用
（如已過世請打勾）☑

我們可以帶著笑容談論不祥之事，毫不悲傷的事物也能使我們感動流淚。

她的末梢神經都壞掉了，連筆都握不住。

我的口腔衛生師人超級好！

雖然我們經歷悲傷，卻擁有豐富的愛！

要是我做得到，我會蓋一座讓失親族聚會的房子。

這裡溫馨又舒適，來的人穿著最舒適的衣服就可以，沙發一定軟蓬蓬，還能防汙。

這裡會準備成千上萬的老相本讓人盡情沉溺其中，還有許多俗爛和／或驚悚電影（端視會員品味）供人移開心思之用。

LAST HOLIDAY starring Queen Latifah

終極假期
皇后·拉蒂法主演

OCCUPIED AAAHHH!

我還會設置一個可以盡情哭喊的隔音間，和發洩用的沙包。

CANCER

*使用中（啊！）

167

請自選你愛的澱粉類！

馬鈴薯泥　義大利麵

布拉塔起司和牽絲起司

各種沾醬　巧克力牛奶

迷你餡餅　冷披薩　更多冷披薩　想吃的自行加熱

優質水果　好吃的外帶沙拉

流行的瓶裝果昔和時尚咖啡飲料

花生醬和果醬，讓你自己做花生醬果醬三明治

布丁和優格杯

冰箱裡隨時擺滿能撫慰心靈的食物。

這個神奇仙境裡，面紙永遠用不完！

到了生日和紀念日（或忌日），我們會聚在一起，彼此加油鼓勵。母親節就是我們舉辦超級盃派對的時候！

我們會供應名稱創意十足的食物和飲料，或許還會有一些適合抱緊處理的狗狗貓貓，只要沒人過敏。

酸到升天檸檬水

濃死人不償命巧克力蛋糕

傷口上灑鹽鹹花生

我們會盡情發洩情緒，分享我們酷媽咪的故事。

我媽要生我之前堅持先刮好腿毛，可是我超討厭刮腿毛！

母親節痛苦心情沙畫（還有人記得沙畫嗎？）

我恐怕會堅持要大家做一些手工藝。

然後我們會瘋狂跳舞，
直到沒力氣感受任何事為止。

（整個過程中，我們會跟所有社群媒體保持遙～遠～距離，至少要等到所有人的媽媽照片和貼文從我們的動態牆上消失為止！！）

失去母親這十年，跌跌撞撞一路走來，如果我有學到什麼，那就是悲傷是混亂的。不管媒體都在老生常談些什麼，悲傷並沒有一個固定的進程。悲傷就像是坐遊樂園的飛車，隧道裡總是吵鬧、黑暗、茫然、感覺難聞和**怪異**的。

還有，就像坐飛車時一定搖搖晃晃，不要自己一個人，
就不會那麼害怕。

我希望能有這種手機App
母親走了

（如果真的有，廠商應該會取一個更好的名字）

所有癌症和母親節訊息關靜音（本 App 最重要的功能）！

製作媽媽喜歡歌曲的播放清單

儲存所有媽媽的舊照片，以供策略性 po 文

在你哭泣卻不想被人發現時大聲播放背景噪音。

查詢並找出有母親死亡劇情的電影！

外賣一指通，太憂鬱不想煮飯時專用

哈囉泰勒‧費德爾，請保重！

朋友　朋友　朋友

附加功能：還可以跟其他喪母之痛的人連結，彼此慰問！

我夢想中的哀悼情景

（基本上就是美劇《醜聞風暴》裡的奧莉薇亞·波普）

實際上的我卻像這樣

chapter ten

第十章 沒娘的孩子

我的母親在我19歲時過世,我已成年,但那只是法定年齡的成年。

還不到合法喝酒年齡

沒有長出成人痘

可以合法簽署合約

從未自己一人住過

實際上的我還是個孩子。

智齒被擋住長不出來

自己剪的瀏海

去年萬聖節還跟著去要糖果

穿的是青少年品牌牛仔褲

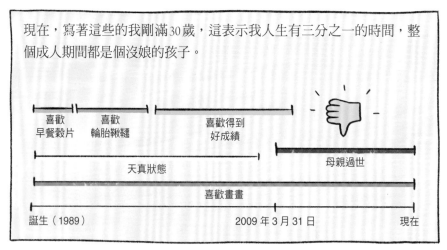

現在,寫著這些的我剛滿30歲,這表示我人生有三分之一的時間,整個成人期間都是個沒娘的孩子。

喜歡早餐穀片

喜歡輪胎鞦韆

喜歡得到好成績

母親過世

天真狀態

喜歡畫畫

誕生(1989)

2009 年 3 月 31 日

現在

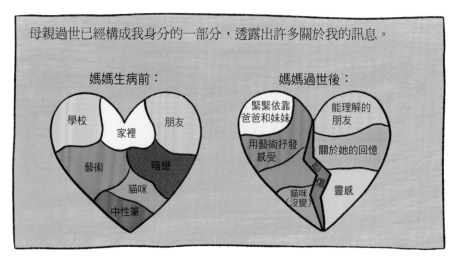

母親過世已經構成我身分的一部分,透露出許多關於我的訊息。

媽媽生病前:

學校 家裡 朋友

藝術 暗戀

貓咪

中性筆

媽媽過世後:

緊緊依靠爸爸和妹妹

能理解的朋友

用藝術抒發感受

關於她的回憶

悲傷

貓咪(沒變)

靈感

有時候，這件悲劇可以像是我已爛熟於心的故事。

三隻小熊、灰姑娘、糖果屋、白雪公主、小紅帽、拇指姑娘（左至右）

THE 3 BEARS

Cinderella

Hansel & Gretel

當媽媽因為癌症過世有多恐怖

Snow White

LITTLE RED RIDING HOOD

THUMBELINA

但其他時候，回憶鮮明來襲，幾乎讓我冷汗直流。

都是一些小事影響我最大。

公車上哭著要媽媽的小貝比

MAMAA

我總是有股衝動想要一起哭

中年婦女的雙手和柔軟的上手臂。

公眾場合響起卡莉・賽門的歌曲時

♪ 我知道世事並非恆常不變，但若你願意，我們將再次擁有 ♪

偶爾遇到與媽媽同名的人

朗達

我渴望成年後能有媽媽在身邊的各種體驗。

結束疲累的一天回到家，與她共享瑪格麗特冰沙調酒，想來應樂趣無窮。

乾杯！

我多希望她能躺在我的沙發，指揮我裝飾我的新公寓。

試試看把花瓶放另一頭。

好……

真的欸，這樣比較好看。

我有好多事想告訴她，我想問她在我這年紀時過著怎樣的生活，我寫這本書她是否同意，我想要她給我建議（不過就算我沒問，她也會給我很多建議）。

我想念全家完整無缺的樣子。

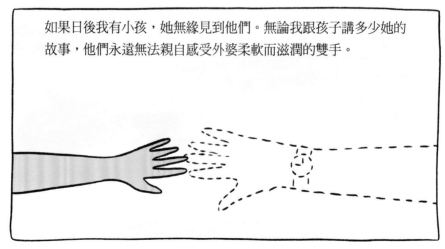

如果日後我有小孩，她無緣見到他們。無論我跟孩子講多少她的故事，他們永遠無法親自感受外婆柔軟而滋潤的雙手。

隨著多年過去，我越來越能輕易地美化她在我心目中的樣子。現在我腦海中的她看起來是我小學時候的模樣。

絕不會是她最後看起來的模樣，甚或是她生病前的樣子。

深色頭髮

年輕

參透一切的模樣（是令人感到安心的那種）

夾雜著灰髮

戴眼鏡（有時候）

經常叫我要縮小腹

還是超級令人感到安心的模樣（當她沒有要我縮小腹的時候）

保留最美好的她在我的回憶裡，省略掉其他，對我而言是極其自然也是最好的。

畢竟，我和媽媽很要好並不是什麼祕密。就連青少年時期的我都覺得她是個很酷的媽媽（怪咖的那種酷，也就是最酷的那一種）。

我們一起同步走！

在我們相處的短短年月裡，開心的時光絕對多於不開心的時光，不過我們的關係一定不是最完美的（沒有任何一段關係是完美的）！

她習慣把她的想法當成事實說出來，總讓我惱怒不已。

我既邋遢又容易慌張，總讓她惱怒不已。

她不喜歡我咬指甲。

我不喜歡她愛睏時聲音變得含糊不清。

她很重視隱私，我希望我能打破她的心防，得知她所有祕密。

她對於修眉的執著則時常讓我費力逃生！！

（我可不想讓她再來拔我的連心眉！）

媽媽是在她47歲生日之後過世，因此我痛恨「47」，無論出現在哪裡，這組數字總讓我覺得不祥。

我只要看到一定馬上避開眼光。

想到我有可能會活到48歲，我就覺得氣憤。

我有一天可能會活得比媽媽還老，我就覺得這實在是太自私，太異想天開和大錯特錯。

我發現我會假設自己年紀輕輕就得癌症死掉。

該是考慮我中年危機的時候了，我想。

如果我有幸活得長久，我猜我在47歲生日前一定會極度忐忑不安。

不如我們將之稱為「46歲的兩週年紀念」，如何？

當她過世時，47 感覺只是個尋常的母親會有的年紀。

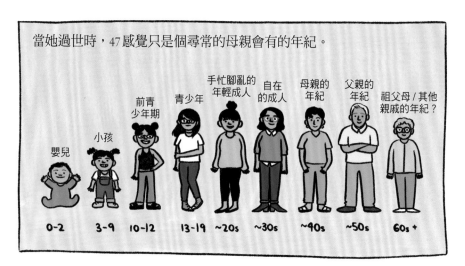

嬰兒	小孩	前青少年期	青少年	手忙腳亂的年輕成人	自在的成人	母親的年紀	父親的年紀	祖父母／其他親戚的年紀？
0-2	3-9	10-12	13-19	~20s	~30s	~40s	~50s	60s+

等我年紀漸長，才越來越驚覺 47 根本是個很年輕的年紀。

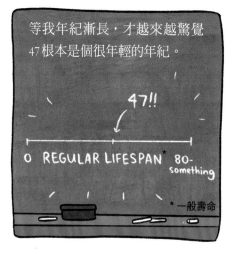

47!!

0 REGULAR LIFESPAN* 80-something

＊一般壽命

你知道有誰已經比我母親還老了嗎？

是 J. Lo!!!

她不是該火辣又年輕嗎？怎麼回事？

＊珍妮佛・羅培茲

另一件難以相信的事情是媽媽沒能夠經歷 2009 年以後的世界。

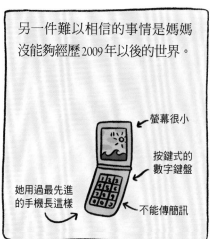

螢幕很小

按鍵式的數字鍵盤

她用過最先進的手機長這樣

不能傳簡訊

她只存在於一個特定的時期，感覺多麼奇怪。

歐巴馬才剛當選第一任總統。

暮光之城正火紅。

Instagram 根本還沒出現！

妹妹和我喜歡玩一個遊戲，就是猜測媽媽要是沒在2009年3月過世，她現在會是什麼模樣？她會是什麼髮型？穿什麼服裝？說什麼流行語？

2008 年的媽媽

2020 年的媽媽
（我的版本）

蓬軟、
開始變灰白的
頭髮

銀白頭髮，側
邊剪短，頂端
留長的髮型

符合時尚
潮流的眉毛。

Old Navy
平價 T 恤

我從手作
市集買來的超
酷耳環

Old Navy
鈕釦襯衫

拉鍊
工作褲

母女刺上
相同圖案的
刺青

反折牛仔褲

夾腳拖

帆布鞋

她的硬筆字
代寫服務剛起步

經營一個成功的
Instagram 帳號，貼的都
是療癒的硬筆字影片

還有她的
事業非常順利

媽媽一定會著迷的事物

（如果她沒在 2009 年過世的話）

「內向」突然變成
人人談論的
流行話題

終於能在餐廳點到
她喜歡的
酪梨醬吐司

傳送文字簡訊和
表情符號
（特別是這一個）

LaCroix 牌
氣泡水的全部口味

把我們家人跟
卡戴珊家族比較

（她一定說
她是克莉絲·
詹娜＊）

火星人布魯諾的歌
《上城放克》：「滑順得
超過吉比花生醬」

在 Youtube 上搜尋她
兒時的電視廣告然後
逼我們一起看

斷捨離專家近藤麻里惠
的所有事物

海慕樂團
（她們也是三姊妹！！）

無數 iPhone 遊戲，尤其
是《糖果傳奇》和拼字遊
戲《Words with Friends》

Podcast 網路廣播
（她一定會愛死
Podcast 了）

與社會上其他人
著迷於修整眉毛

＊這指的是實境秀《與卡戴珊同行》（*Keeping Up with the Kardashians*），
克莉絲·詹娜（Kris Jenner）是卡戴珊三姊妹的母親。

一年年過去，我擔心我會逐漸遺忘她。我覺得我好像是站在機場的自動步道上，隨著我往未來的方向前去，她的身影越變越小。

我已經記不起她的聲音聽起來是怎麼樣了。

?

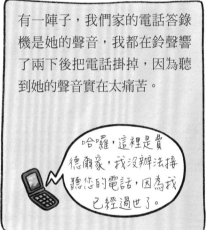

有一陣子，我們家的電話答錄機是她的聲音，我都在鈴聲響了兩下後把電話掛掉，因為聽到她的聲音實在太痛苦。

哈囉，這裡是費德爾家，我沒辦法接聽您的電話，因為我已經過世了。

幸運的是，我一直強迫自己在腦海裡播放她的笑聲，現在我已經永遠記住了。

呵呵呵
Heh heh heh heh heh
THE BEST
FLORIDA SNOWMA

但我已經有太久恣意把她想像成我心中的模樣，要是她神祕地出現我的沙發上，我猜我會害羞。

媽？

小泰！

不過，由於我不需要擔心這一點的可能性很高，我就隨心所欲地讓她活在我的生活裡。

辛香

香皂香

我喜歡噴她用的香水牌子，特別是那些我額外需要打氣的日子（完全**無視**亞馬遜網站上有評論把它稱為「老太太香水」）

嗯

著迷地嗅聞我的手腕

遇到要出席特別的場合，我會配戴她的首飾。

三姊妹胸針

琺瑯耳環，觸感冰涼光滑，彷彿揉搓一下會出現魔法

母親的婚戒，可惜我的手指實在太粗

有張磨損的母親舊照在我皮夾裡跟過期的禮物卡放在一起，她有許多零碎玩意兒則散落在我的公寓裡。

枕頭套，媽媽小時候曾有段時期喜歡彩虹

希伯來文字小方塊（她是在光明節的第五天出生的）

嬰兒濕紙巾盒，她用彩色筆重新裝飾過（現在拿來裝她寫硬筆字用的筆）

我最喜歡的橢圓形花瓶，她的祖母告訴她：「等我死了就送給妳」

家人和我沒事總會講到她或是說出她的口頭禪，跟她過世前沒兩樣。

有時候我們會一時興起（？）去墓地看她。我喜歡在不是什麼特別日子的時候去，不會有人路過問你問題。我會找看起來最漂亮的小石頭，細心地排放在她的墓石上。

猶太人的祭奠是用石頭不是鮮花（這有很多不同的解釋，我最喜歡的一種，是表示我將我靈魂的一部分留下來跟她在一起）。

墓園的氣氛平靜多過於哀傷，廣大的草原上盈滿著回憶。天氣好的時候，能聽到鳥兒快樂地歌唱，他們並不會發覺他們選擇在此築巢的樹木與其他有何不同。

有時候我會躺在母親墓位的柔軟草地上，頭就枕在她的墓石下方。

要是我閉上眼睛，我就能想像她躺在我身邊。

媽媽生我的時候是27歲，這表示我誕生時所認識的她正跟我差不多年紀，仔細想想還真是奇妙！

我一直跟媽媽有許多相似之處，我成人了以後，我覺得我**正慢慢變成她**（我對這一點完全沒有問題）。

驚訝嗎？

同樣很厚的深色頭髮

太陽穴附近的頭髮顏色較淺

同樣的深棕色眼珠

左頰都有一個酒窩

同樣的怪咖舞姿

同樣的傻氣

同樣都愛鄉村音樂

寫字都很工整

同樣都很堅持要由**手拙的自己組宜家家居的家具**

同樣都很固執

同樣都有軟軟的腹部和扁扁的臀部

同樣都喜歡希臘料理

同樣都喜歡拼圖、咖啡加牛奶和逛書店

同樣都有完美主義的毛病

不安時都習慣玩不花大腦的手機遊戲

同樣都著迷於經常改變家具的排法

同樣都喜歡獨處

同樣天生喜歡藝術

同樣的大腳

同樣都擁有安靜、強大的氣場

有時候我覺得我能直接感受到她。

當我盤腿坐在地上，按照顏色分類我的色筆時，我能感受到她。

當我穿上牛仔褲配黑襪，低下頭，我的腳看起來就像是她的。

我擦上口紅時，我的臉看上去跟她毫無二致，

還有我跟妹妹們瞇著眼微笑的時候。

有時候我能直接從內心感到我的臉部表情跟媽媽一模一樣，好似我被她附身，但這一點也不可怕。

我會翻看她的舊照片尋找穿搭靈感，如果有人說我讓他們想起了媽媽，這就是最棒的讚美。

看起來很棒！

我在芝加哥近郊長大，現在的我住在市區裡，就在爸爸媽媽剛結婚、我剛出生時住的公寓附近。

當我走過他們舊居附近，心裡會想：媽媽是否曾走過同一條路？當我在雜貨店的冰品櫃前流連時，心裡會想：是否她也曾站在同一個地方，查看櫻桃口味的冰淇淋是否特價？

我不知我的媽媽現在在哪裡……

或許她在天上跟我們其他已逝的親戚朋友玩拼字遊戲，例如說那位很酷的諾拉‧艾芙隆 *。

或許她的元神已經被大地吸收，進入到蝴蝶、樹木等生物，使他們更美、更有生氣。

*諾拉‧艾芙隆（Nora Ephron）是電影《當哈利碰上莎莉》、《西雅圖夜未眠》的編劇。

或許她會到她喜歡的地方去嚇人。

家用五金賣場

菲利普螺絲起子在第二排～

也或許，她已經化身成一隻有力的大鳥，翱翔在天空。

無論如何，有一件事是確定的，我不會用那有她做我媽媽的十九年，跟其他人當我媽媽的幾百年來交換（尤其是 [消音]）。

我說的是某個童年時期朋友的媽媽，詳情請見第 13 頁，呵呵呵。

許多年前的一次春假，我們姊妹三人和媽媽一起飛到佛羅里達找爸爸（他因為工作關係已經在那裡）。我們的座位是像這樣：

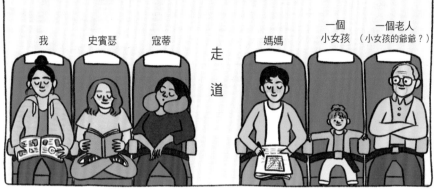

因為技術性的原因，我們得在飛機裡等候很長一段時間才能起飛。

媽媽旁邊的小小孩坐立難安，照顧她的大人似乎束手無策。

我翻了翻空中購物型錄，等我注意到時，媽媽用座位上的嘔吐袋做了一個紙袋玩偶。

那位小女孩開心極了

航程期間，只要一遇到亂流，媽媽拿出吐吐袋小姐，小女孩馬上就會安靜下來，屢試不爽。

等飛機落地後，她手上緊抓著紙袋玩偶下機。

我很記得那天我是多麼以媽媽為傲。

媽，我愛妳。

媽媽並不是個喜歡在飛機上跟鄰座聊天的人。她多半是帶著一包 M&M 花生巧克力，靜靜坐著玩她的字謎。再者，吐吐袋小姐並不曾出現在我們家，我們小時候坐飛機從未玩過這個。

媽媽只是衡量情況，找出手邊可用的東西，將一場悲劇變成溫馨佳話。

遠在媽媽生病以前，她會過世這件事於我而言是頭號可怕的事，
然而它真的發生了，也真的變成是頭號可怕的事情。但，我撐過來了。

十年後，我還在這兒，努力將一場悲劇變成溫馨佳話，
就像她會做的那樣。

我最喜歡的媽媽照片

afterword

後話 一堆照片

我們倆拍的第一張照片（我猜）

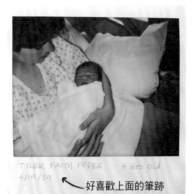

TYLER FAITH FEDER 4 Hrs. OLd
4/19/89 ← 好喜歡上面的筆跡

我們倆拍的最後一張照片，大概是她
確診罹癌後的一個星期

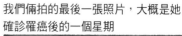

媽還沒開始化療，
所以還有頭髮

我在腦海中描繪我們倆的
情景就像這樣

我們之間通常都是像這樣

安慰我

緊張害怕

HARVARD BOUND

（不過我
　沒有念哈佛）

HARVARD BOUND: 前進哈佛

媽媽讓我在游泳池裡「抱起她」，我笑得花枝亂顫

守喪期的尾聲，史賓瑟努力裝飾寇蒂的
搞笑／怪異蛋糕

我們三姊妹在寇蒂的生日「派對」上
看起來非常開心

我們的媽媽
才過世不到
兩星期！

費德爾家的女孩，大約攝於
母親過世前七年

費德爾家的女孩，大約攝於母親過世後
七年，仍舊親密如常！

我們成為五口之家後
拍的頭幾張照片之一

泰勒的家庭

我們回到
四口之家後拍的照片

我的阿拉丁生日派對
又名我的人生最顛峰

我們炫耀媽媽做的萬聖節服裝
（我扮成蝴蝶，寇蒂是蜜蜂，史賓瑟是隻瓢蟲）

媽媽做的臉部開洞照相板，
這是某個以春天為主題的生日派對

媽媽正在用遮蓋膠帶
製作她最拿手的跳房子遊戲

我們在迪士尼世界慶祝媽媽
最後一次的生日

這是媽媽罹癌後唯一
一張不會讓我心碎的照片

我喜歡這張照片，原因是其他人的表情都很
怪異，只有我和媽媽上相

跟媽媽在藝術市集，販售
超級八零年代風的蝴蝶結髮飾

朗姐設計！
（原創的名字）

跟媽媽在醫院裡的快樂時光
（史賓瑟剛出生）

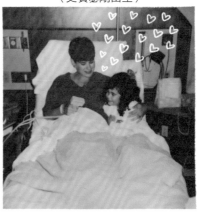

一張母女非常相像，兩人都若有所思
的照片，攝於查克老鼠餐廳

最能捕捉我們兩人神韻的照片

我在我的成人禮上搖呼拉圈

跟我差不多年紀時的媽媽
玩呼拉圈，她看起來比我自在多了

媽媽送我的最後一張生日卡片

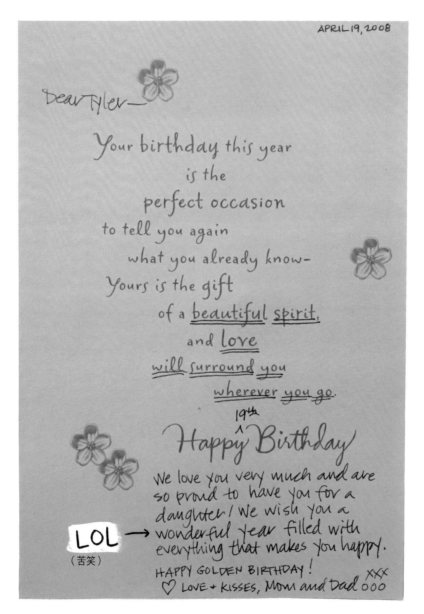

2008 年 4 月 19 日
親愛的泰勒，在妳今年生日，這個最完美的時刻，雖說妳已明白，但讓爸媽再次告訴妳，上天賜給妳的禮物是一片美麗的心靈，無論妳去到哪，都將有愛圍繞著妳，祝妳 19 歲生日快樂。
我們好愛好愛妳，我們很自豪能擁有妳這個女兒。祝妳有個美好的一年，願快樂包圍妳一整年。青春的生日快樂！送上愛和親吻的媽和爸

我已經完全忘記我小時候畫過這個紙盤，
但這幅畫似乎很適合總結這整本書。

acknowledgements

首先，無比的感謝獻給我大無畏的經紀人兼摯友莫妮卡・歐頓（Monica Odom），她簡直是一道和煦的陽光（而且這道陽光聰慧敏捷，還留著一頭完美的捲髮）。我的杯中滿溢著愛與感激，要獻給我的出版商／編輯／文學守護天使蘿瑞・霍尼克（Lauri Hornik），以及日晷出版社和企鵝出版青少年部的同仁，如果沒有他們，這本書只會繼續是我大學非小說創作課的四頁作業而已。我還想要大力擁抱珍妮・凱利（Jenny Kelly），她是個擁有開放心胸和善良心地，讓人夢寐以求的藝術總監，清楚我寫電子郵件時，一定要塞滿驚嘆號和笑臉表情符號的愛好！！我還要感謝以無比耐心待我的心理醫師克恩醫生（Dr. Kern），她不是本書正式的工作人員，但卻是不可或缺的一部分。多虧有了她，我才得以撐過這本書的製作過程，沒有消失在焦慮的雲霧裡，哦耶！

我還要獻上一顆大大的愛心給我許多了不起的老師，是他們鼓勵我追求我對寫作或藝術（或兩者）的熱愛，他們是：瑞吉娜・史都華（Regina Stewart）、米亞・瑪克蘿（Mia McCullough）、羅伯特・岡萊克（Robert Gundlach）、艾歐拉・畢絲（Eula Biss）、黛比・索克蘿（Deb Sokolow）、比爾・弗列茲（Bill Fritz）、道格・詹寧斯（Doug Jennings）、唐娜・希克曼（Donna Hickman）、派崔克・費爾查德（Patrick Fairchild）、瓊・艾克曼澤尼（Joan Ackerman-Zimny）、茱蒂・庫柏（Judy Cooper）、瑪茜・寇恩（March Cohen）。我還要感謝網路上的好心網友，謝謝你們多年來分享我的部落格文章、推特貼文和我的藝術作品；感謝 Etsy 手作藝品網站上的客人，謝謝你們只是來買東西後來卻變成了我的朋友；感謝變成我真實世界朋友的網友，也感謝變成我網站粉絲的真實世界朋友——因為我太忙於完成這本書而沒時間跟你們相處……沒有你們，我真的無法做到！

感謝寇蒂、史賓瑟和爸爸，雖然我經常談起癌症和死亡把大家的心情搞得很糟，但你們仍舊不斷為我加油打氣。你們是我全心的寄託，我答應下次約吃飯時我們只會聊電視節目或其他的事。

還有一個大擁抱要獻給瑪莎阿姨！瑪莎阿姨總是在各種最好的方面讓我想起媽媽。我還要感謝佛羅里達薩拉索塔紀念醫院裡優秀、仁慈的醫師和護理師，謝謝你們不眠不休地照顧我的媽媽。

最後，我要謝謝妳，我的媽媽。謝謝妳給了我生命，教會我畫出雙手。無論妳在哪裡，我都盼望妳能感受到我愛妳。　♥